三面大黒天信仰

新装二版

三浦あかね
Miura Akane

雄山閣

まえがき

大黒天(だいこくてん)は最も日本人に親しまれている福の神である。恵比寿神(えびすがみ)といっしょに祀(まつ)られたり、七福神のメンバーにも加わっていたりしている。私たちがなじんでいる大黒天のイメージは、三頭身ぐらいの短い体でベレー帽のような大黒頭巾をかぶり、狩衣(かりぎぬ)に似た上着に、膝下をひもでくくる袴(はかま)をはいて靴を履き、右手に打ち出の小槌を、左手に大袋の口をつかんでいるというものである。

更に大笑いした顔で眉と口ひげはたれて福耳であり、いかにも願い事をかなえてくれそうな姿をしている。日本人ならば知らない人はいないぐらいにポピュラーな神だが、そのルーツを調べてみるとこれほど複雑な神は他に見あたらない。

大黒天のルーツはインドである。大黒天は、インドではマハーカーラと呼ばれるヒンズー教の神である。「マハー」は大、「カーラ」は時もしくは暗黒という意味である。

今でもインドの人たちは、この神を信仰しているが、ヒンズー教のマハーカーラと日本人が信仰の対象としている大黒天とは性格が全く異なる。ヒンズー教では戦闘神として信仰されているのに対して、日本では福の神として信仰されている。

日本における大黒天にはさまざまな姿があるが、そのうち最も特異なものは「三面大黒天」である。平安時代初期に天台宗の開祖・最澄が感得して作られたのが最初といわれている。現在、比叡山延暦寺に秘仏として祀られているのは、大黒天・毘沙門天・弁才天という三神の合体像である。このスタイルは他国には見られない日本独自のものだが、三面六臂のマハーカーラの姿をヒントに作られたものと思われる。

なぜ、インドで生まれた三面大黒天・マハーカーラが日本において、信仰が伝播していく過程で日本的な三面大黒天に変貌していったのかを解き明かしていくのが本書の目的である。

本書は、三部に分かれている。第一部では、三面大黒天の由来など理論的なことを述べる。第二部では、三面大黒天を祀っている寺社に足を運んで取材し、三面大黒天にまつわる話をまとめた。第三部では、三面大黒天による招福方法を説明する。

どこから読んでも三面大黒天に関する情報が分かるようにしたつもりである。本書をお読みになることにより、三面大黒天がどのような神であるか少しでもご理解いただけたら、筆者としてこれ以上、幸せなことはない。

本書をまとめるにあたり、各寺社の関係者の方々、観音寺の小林公雄氏、雄山閣の久保敏明氏には、お忙しい中、恐縮するほど多くの示唆をいただきました。紙面を借りて、心からお礼申しあげます。

著者

二〇〇六年一月吉日

第二章　渡来当時の三面大黒天

第三章　三面大黒天の中世的展開

第四章　江戸時代の三面大黒天ブーム

第二部　三面大黒天を祀っている寺社

第一章　東北から四国までの三面大黒天

第二章　三面大黒天の調査で分かったこと

第三部 三面大黒天による招福法

第一章 寺院で行われている修法

第二章 一般人でも行える招福法

第一部

三面大黒天の由来と歴史

序章

三面大黒天と現代人

なぜ今、三面大黒天なのか？

暦を見ると、六〇日に一回の割合で、「甲子（きのえね）」という日がある。これは、大黒天の縁日で、大黒天を祀っている寺では何かしらの行事を行うところが少なくない。

平成一六年の半ばごろ、甲子の日に滋賀県大津市にある比叡山延暦寺の大黒堂を訪れた。ここは、日本で初めて三面大黒天を祀った寺として知られている。

午前一一時から修法（しゅほう）が行われる予定になっているが、一時間も前から堂内にはおおぜいの人が集まっている。そのうち堂内は、びっしりと参加者で埋まった。五〇人ぐらいの参加者が、この日に行われる「大般若転読大黒天秘密供法要奉修（だいはんにゃてんどくだいこくてんひみつぐほうようほうしゅ）」が始まるのを待っている。

集まった人々のうち、願い事がある人は、申し込み用紙に住所、氏名、願い事を記して、僧侶に渡している。

比叡山の話では、甲子の日に参加する常連者は一〇〇人ぐらいおり、大黒堂で頒布する三面大黒天のレプリカを持ち帰って自宅で信仰している人は、北海道から沖縄まで、およそ一五〇〇人いるという。

一方こちらは、東京都目黒区にある天台宗の大圓寺（だいえんじ）。この寺には、秘仏の三面大黒天が祀られており、東京山手七福神の一つに数えられている。平成一六年最後の甲子の日にここを訪れたところ、比叡山と同様、おおぜいの参加者が、行事が始まるのを辛抱強く待っている。この

護摩

寺では、甲子の日に護摩（ごま）が行われる。

参加者は、祭壇を囲むような形で座るのだが、正座するための腰掛けと折り畳み式の椅子が、みんなに配られる。

後で知ったのだが、この寺で行われる護摩は一回あたり、一時間半も要する。住職の方針で、手抜きをしない護摩を行うので、時間がかかるという。同寺では、午前一〇時、午後一時、午後三時、の三回に護摩を行うのだが、住職はもちろんのこと、参加者も肉体的にたいへんである。にもかかわらず、おおぜいの参加者が集まるということは、この行事に何らかの期待感を抱いているからだろう。

この寺でも、比叡山のように、願い事のある人は、申し込み用紙に必要事項を書き込んで、係員に渡す仕組みになっているが、「商売繁盛」と書き込む人が多いように見えた。

ハイテク技術が発達している現代で、なぜ人は神に祈願しようとするのだろうか。科学の力では、どうにもならない現実があるのを経験しているから、神に助けを得ようと考えるのではないだろうか。

三面大黒天がちまたでもてはやされている

三面大黒天は、数ある大黒天のバージョン（仕様）の一つだが、一般の大黒天に比べて、御（ご）利益（りやく）が著しいと言われている。

かいうん堂の外観

だが、三面大黒天がどのような神であるのか知っている人は、案外少ない。ところが、三面大黒天を知っている人たちは、寺で祀られている三面大黒天に参拝するだけでは物足りないらしい。

東京では、「追分（おいわけ）通り三面大黒天商栄会」というように、三面大黒天を名前につけている商店街がある。漫画家のバロン吉元氏は平成一五年五月から九月まで『漫画アクション』(双葉社)で「三面大黒天」を連載して好評だったという。三面大黒天をシンボルにしている柔道の道場や結婚式場もある。

また、静岡市の開運グッズを取り扱う店「かいうん堂」(閉店)では、店頭に三面大黒天の看板を掲げており、三面大黒天の彫像だけでなく「三面大黒天ハンカチ」「三面大黒天ペンダント」など、三面大黒天関連商品を取り扱っていたが、たいへんな売れ行きだったという。さらに千葉県市川市にある和菓子屋「勝鹿堂（かつしかどう）」(閉店)では「三面大黒天最中」が売られていた。

長期間にわたる不況により、現代人は収入の減少、リストラなどに遭い、人間の力ではどうにもならないことがあるのを知っている。そういうときに、神仏に祈る人が少なくない。

神仏に願い事をするには、力のない神よりも、力があって御利益を与えてくれる神を求めようとする。そんな人々の要望にぴったりな存在が、三面大黒天と言えよう。いわば三面大黒天は、どんな願いでもかなえてくれるスーパーヒーローとして、現代人の心をつかみ、静かなブームになっていると思われる。

第一章

三面大黒天とは何者か?

三神合体の異様な姿の大黒天

「なんという変な姿の大黒天だろう!」

筆者が比叡山延暦寺で初めて「三面大黒天」のレプリカを見たときの感想は、こんなものだった。まるで宇宙人に遭遇したような驚きと違和感が入り混じったような気持ちである。十一面観音に一一の顔があるのと同様、三つの同じ顔を持つ大黒天とばかり思っていた。ところが、よく見ると、一つ一つの顔が異なっている。正面が大黒天、右面が毘沙門天、左面が弁才天の顔である。

そのうえ手まで六本もある。それぞれの手には、剣や鍵などの道具を一つずつ持っている。これらの道具は、信仰する人に御利益を与えるために必要なものらしい。大黒天、毘沙門天、弁才天など、天部(てんぶ)の神様は、阿弥陀如来のように死後の面倒をみてくれるのではない。

大黒天は人々の食生活を守り、毘沙門天は勇気と力を与えてくれる。弁才天は美と才能を与えてくれる。つまり、この世での現実的な欲望を満たしてくれるのが天部の神様で、三面大黒天は、三天の御利益が一身に詰まっている神様であると言えよう。三面大黒天を信仰することにより大出世した豊臣秀吉にあやかって、延暦寺ではこの大黒天を「三面出世大黒天」と称している。

延暦寺東塔に大黒堂があり、内部にはヒノキやツゲをはじめとして、合金や銀の三面大黒天

チベットの密集金剛（清代のタンカ）

がショーケースに入っている。純金製の三面大黒天を眺めながら筆者は、思わずため息をついた。

「わたしも秀吉のように出世して大金持ちになったら、純金製の三面大黒天を買いたいな」

そうしたら、横に座っていた中年女性が、もっともらしく教えてくれた。

「ちょっとあんた、それは違うのよ。金持ちになったら買うのではなくて、金持ちになりたいと思うなら、純金製の三面大黒天を買わなければならないのよ」

後に分かったことだが、三面大黒天が祀られており、甲子の日などに宗教的な儀式を行う寺院では、熱心な参拝者がいつも訪れるという。それだけ三面大黒天の御利益は魅力があるのかもしれない。

三面大黒天の出身地はインド

三面大黒天だけでなく、日本で一般に知られている袋を背負った大黒天のルーツもインドである。インドの三面大黒天はマハーカーラと呼ばれ、漢字では「摩訶迦羅（まかから）」と書く。マハーカーラは前のページで紹介した比叡山の三面大黒天と姿かたちも性格もまったく異なっている。

日本における三面大黒天は、最澄が比叡山に祀ったのがはじめであるといわれているが、現在これは毘沙門天、大黒天、弁才天の合体神ということになっている。この形式は日本で考案されたものだが、三面大黒天は日本で初めて創られたわけではない。

三面大黒天のルーツはインドで、ネパールやチベットなどでは今でも三面六臂の大黒天が祀

現図胎蔵界曼荼羅外院の摩訶迦羅天像

られている。

『大正大蔵経図像』に見る三面大黒天は裸形で結跏趺坐している。三面とも大黒天で、どの顔も忿怒相で牙を出している。神愷撰の『大黒天神法』や真寂（八八六～九二七）撰の『諸説不同記』などによれば、体は青黒い色をしており、髪の毛は炎のように逆立ち、忿怒の形相で三面六臂である。顔の一つ一つに目が三つずつあり、開いた口からは二本の牙を出している。

胸にどくろを貫いた瓔珞（ペンダント）を飾り、腕に毒蛇の臂釧（腕輪）を巻いて円座に座っている。右前の手で剣の柄を握って膝の上に横たえ、左前の手は剣の端を持っている。そして、右中の手はひざまずいて合掌する人の頭髪を握り、左中の手は白い羊の角を持ってぶら下げている。更に後方の左右の手は白い象の皮をマントのように両肩へ掛けようとしている。戦闘神としての性格が濃厚である。

真言宗や天台宗では、このような図像様式を大黒天としており、『孔雀明王経』にもそのように示されている。

このような恐ろしい戦闘神がなぜ、日本における福の神になったのかは追って説明する。

八臂の摩訶迦羅像

中国・唐の半ば頃、七〇〇年代になると、善無畏によって『大日経』が訳され、金剛智によって『金剛頂経』が訳された。少し遅れて、不空が金剛頂系の多くの密教経典を訳した。この不空の直弟子だった慧琳が編集した膨大な仏典語彙集『慧琳音義』に次のような内容が書かれている。

　摩訶迦羅は梵語である。唐では大黒天神という。大神力があり、寿命は無限、八臂で身体は、青黒雲色である。二手の懐中には横に一の三叉戟を握り、右の第二手は餓鬼の頭の髻をとる。右の第三手は剣を握り、左の第三手は羯吒図迦＝カトヴァーンガと呼ばれる白い髑髏を貫いた杖をとる。後ろの二手は各肩の上に、一の白い象の皮を張っている。毒蛇で髑髏を貫き、瓔珞（ペンダント）としている。虎牙のような牙を出している大忿怒形である。

　雷電煙火を光背としている。身体の丈は長大で、足元に地神女天がおり、両手で摩訶迦羅の足を受け止めている。

「カトヴァーンガ」という杖

　右文では大黒天が三叉戟とカトヴァーンガを持っており、足元に地神女天が両手で大黒天の足を受け止めていること、一面であるか三面であるか分からないこと、雷電煙火を光背としていることを除けば、『大黒天神法』『諸説不同記』における摩訶迦羅とよく似ていることが分かる。

理趣経曼荼羅

曼荼羅における忿怒相三面大黒天

曼荼羅は密教において最も重視されている。真言宗が曼荼羅宗とも別称されることからも分かる。そのなかでも極めつけに大事な曼荼羅が「現図曼荼羅」といわれているものである。この曼荼羅は空海が中国に渡り日本に持ち帰ったもので、金剛曼荼羅と胎蔵曼荼羅の二つがあることから「両部曼荼羅」という。

現図曼荼羅は真言密教の教義内容を網羅している。胎蔵曼荼羅は「胎蔵界曼荼羅」「胎蔵法曼荼羅」「胎蔵生曼荼羅」などとさまざまな呼び方がある。なかでも「胎蔵界曼荼羅」という名称は、古くから用いられてきた。

最外院は「外金剛部院」とも称される。この院にはさまざまな神々がひしめき合って描かれている。

現図曼荼羅に描かれる尊像のほとんどは、ヒンズー教をはじめとする神々である。最外院に描かれているのが、摩訶迦羅天である。

日本の真言宗の伝統では、現図曼荼羅の摩訶迦羅天像と全く同じ形の摩訶迦羅天像が、『理趣経』曼荼羅の中の「諸母天曼荼羅」の中央に描かれることになっている。

この曼荼羅の中央に摩訶迦羅天を描き、七母天で囲む。七母天というのは『理趣経』の注釈書『理趣釈経』によれば、摩訶迦羅の眷属（一族）とある。それぞれの名称は、害天母、毘紐天母、童子天母、黒天母、大黒天母、飲食天母、羅刹天母のことで、この七母天に梵天母を併せて八供養の菩薩を表す。

シヴァの畏怖相と七母天

ここで「シヴァ」という神について簡単に説明する。史料に「大黒天は大自在天の変身である」と記されているので、大黒天ことマハーカーラは、大自在天ことシヴァの変身したものといえる。マハーカーラはシヴァの夜の姿、あるいは忿怒相であるといわれている。

前出七母天の原型はヒンズー教のサプタマートリカー（七母神）であり、その起源はインダス文明時代までさかのぼることができるという。インド型忿怒相三面大黒天を考えるうえで、七母天について興味深い話がある。

シヴァ神の一つの相として「バイラヴァ」というものがある。バイラヴァとは周囲の者を畏怖させる者という意味であり、密教が盛んになるにつれて広まっていった。バイラヴァは髪の毛を逆立たせ、三叉戟などを持ち、男根を直立させた姿で表現されるのが一般的である。インドやネパールの寺院には三面のバイラヴァが祀られている。インドの神話には、バイラヴァについて、次のような物語が伝えられている。

――ある時、ブラフマー神とシヴァ神が「世界の真の創造者は誰か」という議論でもめた。――

お互い自分がそうであると一歩も譲らない。神々が仲裁しても収まらない。シヴァ神は興奮し、大火炎となり主張するが、ブラフマー神は一歩も譲らない。

シヴァ神は怒りが頂点に達し、忿怒を全身で表し、周囲の者を畏怖させた。これがバイラヴァである。ついに、ブラフマー神の五つの頭のうち一つを斬り落としてしまった。

ブラフマー神はようやくシヴァ神の主張を認めたが、シヴァ神は神の首を斬る、という大罪を犯した。ブラフマー神は贖罪の方法として、「斬り落とした頭蓋骨を持ち、ヴィシュヌ神に会うまで苦行を続けるがよい」とシヴァ神に言った。彼は言いつけに従い、頭蓋骨の碗で托鉢しながら旅を続け、ようやくヴィシュヌ神の住まいにたどり着いた。

だが、門番に阻まれて入れない。激怒したシヴァ神は門番を殺して、ようやくヴィシュヌ神と会うことができた。食事を所望すると、ヴィシュヌ神はシヴァ神の額に刃物で斬りつけ、「そこから流れ出る血潮こそ、そなたの食事にふさわしい」と答えた。

シヴァ神は今まで重ねてきた罪はどうやって償えばいいのかを礼を尽くしてヴィシュヌ神に尋ねた。ヴィシュヌ神は答える。

「心配しなくてもよい。聖都ベナレス（ヴァラナシー）に赴けば、そなたの犯した大罪は泡と消えるだろう」

喜んだシヴァ神はブラフマー神と門番の頭蓋骨を抱えて、踊りながらベナレスに向かった。聖都につくやいなや、彼の罪は清められた。

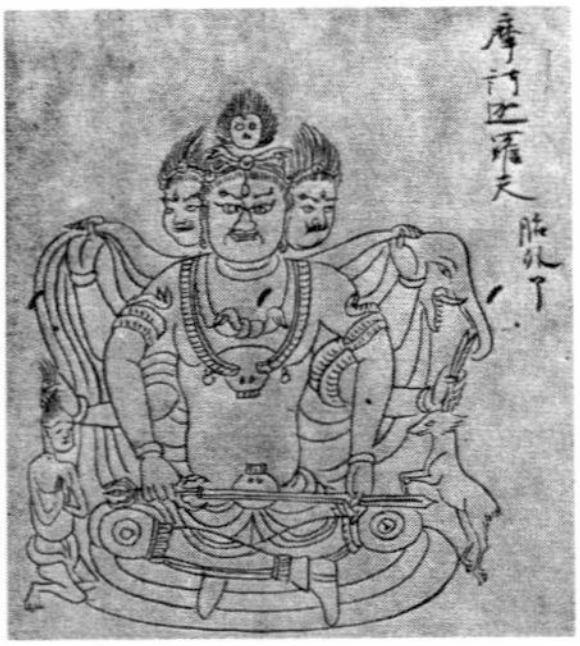

諸尊図像巻下

意外なことに、インドの神話にはマハーカーラに関する物語がない。そのうえインドにはシヴァ神の彫像や絵画は多く存在するが、マハーカーラのものはわずかである。忿怒相であるマハーカーラのよりも畏怖相のバイラヴァのほうが多いほどである。

したがってシヴァ及びバイラヴァによって、三面大黒天の謎を解くしかないと思われる。ヒンズー教の寺院には、切り取られた人間の手足がバイラヴァの捧げものとして器に盛られている様子が浮彫として描かれているところもあるという。シヴァは死体置場や火葬場で、死体を焼いた後の灰を体に塗って瞑想すると伝えられている。これなどは、マハーカーラと共通する。

バイラヴァの典型的な姿は八バイラヴァと呼ばれるグループとしての姿である。この八人のバイラヴァは、インドの地母神である七母神に一人の母親を加えた八母神になっている。

八世紀頃までには七母神のすべてがシヴァの妃と見なされることになった。のちに七母神に一人の母神が加えられて八母神となった。

以上から分かるのは、『理趣経』曼荼羅の七母天とヒンズー教における七母神との類似性である。マハーカーラがシヴァの分身であることが、信憑性を帯びてくる。

白描図像における三面大黒天

密教においては曼荼羅を造作する者は最上の阿闍梨とされているほど、絵画の重要性を説い

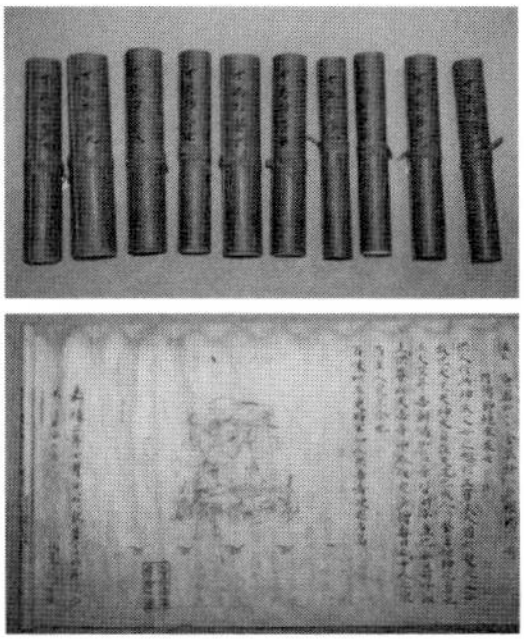
十巻抄

別尊雑記

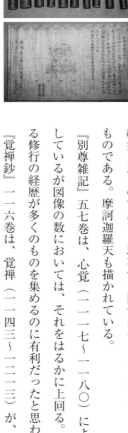

ている。経典と密接な関係をなすものとして、秘密に伝授されたという。このように秘密の図像をよく描く者は、阿闍梨として尊ばれた。

次に掲げる図像集には、摩訶迦羅天もしくは忿怒相三面大黒天が描かれている。

『十巻抄』は平安後期（一一二九年頃）に仁和寺（にんなじ）の僧・恵什（けいじゅう）が諸仏や曼荼羅の図像を収集して編集したものである。現存する図像集のうちで最も古く、また最も流布してよく知られているものである。摩訶迦羅天も描かれている。

『別尊雑記』五七巻は、心覚（一一一七～一一八〇）によって描かれた。『十巻抄』を参考にしているが図像の数においては、それをはるかに上回る。台東両密（天台宗と真言宗）における修行の経歴が多くのものを集めるのに有利だったと思われる。

『覚禅鈔』一一六巻は、覚禅（一一四三～一二一三）が、天台宗や真言宗にこだわらないで広く古来の口伝を数十年かかって集めたものである。

『阿婆縛抄（あさばしょう）』二二七巻は、承澄（一二〇五～一二八二）によって描かれた。

『諸説不同記』一〇巻、『胎蔵界曼荼羅』七四問　一巻は、真寂の撰。

さらに現図胎蔵曼荼羅や「諸母天曼荼羅」の摩訶迦羅天と近い関係にあるのは、弘法大師空海の弟子、智泉が八二一年に写したといわれる『四種護摩本尊及眷属図像』に描かれた一面六臂の摩訶迦羅天の座像である。

この図では、摩訶迦羅天は両方の第一手で三叉戟を横に持ち、右側の第二手は羊の角を、ま

覚禅鈔

四種護摩本尊及眷属図像

た左の第二手はねじれ状の宝棒をつかんでいる。左右の第三手は背後に象の皮をはおるように広げている。そのうえ尊像の右後ろに旗が付いた棒状のものを持った人物が侍者として立っている。

以上に挙げた図像集は、空海など唐に渡った僧侶たちによって請来されたものである。ヒンズー教的性格を濃厚に持っている密教の神々を中国人はあまり積極的に採り入れることをしなかったのではないだろうか。

そのため忿怒相の摩訶迦羅天は、我が国では曼荼羅や図像集など絵画でのみ見られるだけで、彫刻の世界ではほとんど取り上げられなかったのではないかと思われる。

摩訶迦羅天の持ち物の意味

忿怒形の摩訶迦羅天は唐代の中国から、我が国に伝わったと思われるが、なぜか中国で作られた摩訶迦羅天像は発見されていないという。

敦煌や中央アジアに摩訶迦羅天を描いたものが残されているが、その姿は一面六臂あるいは一面八臂の立像で、我が国に伝わっている三面六臂の摩訶迦羅天と形状が異なっている。

髑髏を瓔珞として首からかけて、象の皮を背後に広げているところは同じだが、前の左右二手で槍を横に持ち、その両端に餓鬼のような二人の人物が貫き通されている。次の二手は、それぞれ一本の槍を縦に持ち、足の下には、大蛇を踏んでおり、豚のような鼻をしているという。

インド・エローラ石窟のシヴァ神（中央）「シヴァと女神たち」より

三面大黒天の由来を分かりづらくしているのは、一五ページに掲げた図像と一致するマハーカーラ像がインドに存在しないことである。マハーカーラはインドよりもむしろチベットやネパールで尊崇されたが、その姿は図像のものと異なり、下腹が出ていて足が短い。

ところで、インド・エレファンタの石窟寺院に一面八臂のシヴァ神があり、図像の摩訶迦羅と共通した部分が多く見られる。一手で人をつかみ、別の一手は剣を、他の二手は象の皮と思われるベールを広げている。

このことから考えると、摩訶迦羅がシヴァ神の化身であるという説も信憑性を帯びてくる。摩訶迦羅もシヴァ神も象の皮を広げた形で、背後に被っている。象皮の意味は何だろうか。

ヒンズー教の神話に、次のような話が伝わっている。

昔、バラモンたちが瞑想していたとき、アスラが象の姿になって現れ、邪魔したことがあった。バラモンたちは、リンガの周りに集まって、神の助けを求めた。リンガというのはヒンズー教で崇拝される男根形の石柱で、シヴァ神の象徴である。すると、リンガからシヴァ神が現れて、象を殺して皮をはぎとって、自分の上半身を飾る衣服にしたという。

では、摩訶迦羅の手につかまれている餓鬼と思われる人間と羊は、どのように考えたらよいのだろうか。

手に下げている餓鬼様の人物は、アンダカという悪神である。シヴァ神が苦行をしていたとき、妃パールヴァティが戯れてシヴァ神の目をふさいだところ、世界は真っ暗になった。闇の

シヴァ・リンガ

踊るシヴァ　「インド美術」より

中から生まれてきたのがアンダカで、軍勢を率いて、シヴァ神に戦いを挑んだ。シヴァ神は軍を打ち破り、アンダカを三叉戟で刺し貫いた。後に、アンダカは改心して、シヴァ神の信仰者になった。

また、別の神話では、アンダカ降伏の時、シヴァ神は牙が突き出た恐ろしい忿怒相になって、髑髏の瓔珞を首にかけ、体中に、毒蛇をまとわらせた。そのうえ、上着として象の皮をかぶり、体の色はどす黒い雲の色である……。

これなどは、摩訶迦羅の姿そのものである。そして、摩訶迦羅が手につかんでいる餓鬼のような人というのは、アンダカではないかと思われる。日本に伝えられた摩訶迦羅は、ヒンズー教の神話である「アンダカ降伏の相」であるともいえよう。

では、摩訶迦羅が手にしている羊については、どのように考えればよいのだろうか。インド最古の文書『リグ・ヴェーダ』によれば、シヴァ神は猟を行う神として描かれており、羊の皮を衣服にしたといわれる。そこで、摩訶迦羅も羊を持っていると考えれば納得がいくのではないだろうか。

インドの最高神・シヴァ神の分霊

ヒンズー教におけるシヴァ神は、毎年インドを襲うモンスーン（季節風）を神格化した神で、すさまじい破壊力のある神として恐れられる反面、再生の恵みを与える神として広く信仰されている。破壊と建設の繰り返しを行う神である。

シヴァ神はインド神話において、いろいろな変身と別名がある甚だ複雑な神である。シヴァの夜の姿がマハーカーラで、仏教に取り入れられてからは大自在天（摩醯首羅天）となり、その忿怒身が伊舎那天となり、マハーカーラは伊舎那天の眷属とされたりしている。

マハーカーラはシヴァ神の分霊として破壊と死を司るので、インドでは恐ろしい神として位置づけされている。では、恐ろしい神がなぜ信仰されているのか。

災いを避けたいために信仰するのである。災いを避けることができたときに、感謝する気持ちが生まれる。それが信仰につながっていく。

このような信仰はインドに限らない。日本にもその信仰はある。典型的な例は菅原道真である。道真は優れた政治家だったが、藤原氏による讒言のため、九州大宰府に左遷された。自分を陥れた者に対するうらみを持ちながら、不遇のうちに死んだ。その後、自然災害が続く。これは道真の怨霊によるものと考えられ、彼の魂を鎮めるための神社が造られた。そして祟りがないように祈った。やがて道真は学問の神様として崇敬されるようになった。

このような思想は世界的に存在するが、恐ろしい神ほど福を与える力が強烈であると考えられている。このような理由で、恐ろしい神であるマハーカーラもネパール、チベットで篤く信仰されている。

三面シヴァ
（インド政府観光パンフレット）

エレファンタ島の洞窟寺院にある三面シヴァ神

エレファンタ島はインド最大の商業都市ムンバイ（旧ボンベイ）の沖一〇キロメートルに位置する。一六世紀にポルトガル人がこの島を占領したとき、島の南にゾウの彫刻があったので、エレファンタと名付けられた。

ここに、古代ヒンズー教寺院の遺跡がある。この石窟寺院が彫られたのは、五世紀中ごろから、八世紀の中頃といわれる。石窟は全部で七窟。代表的なのは第一窟である。完成度が高く、保存状態が比較的よいからである。約四〇メートル四方にわたって岩が掘り進められており、その空洞を二〇本の列柱が支えている。

九点あるシヴァ神の彫刻は、大きさと重量感のある迫力で知られている。高さ約五・五メートルにも及ぶ三面シヴァは頭部に顔が三つある。それぞれ前と左右を向いており、右側は怒り狂った顔、左側は瞑想している顔、正面は微笑んでいる顔である。三面とも怒り狂った顔ならば、そのままマハーカーラになる。

また、インド・エローラ石窟群の第一六窟と第一七窟にも三面シヴァの浮彫があるほか、タジキスタン共和国レニナバード州ブンカント、カライ・カーァ砦址でも狩りをしている三面シヴァ神図が出土している。

以上の三面シヴァと前述した魔神アンダカ退治などの要素が、インド型三面大黒天案出のモチーフになったのではないだろうか。

マハーカーラとしての大黒天

われわれ日本人は大黒天を「大黒さん」と親しみを込めて呼んでいる。ふっくらした顔は笑みをたたえており、いかにも福の神というにふさわしいからである。

ところが、大黒天の原点をたどると、ごく一般に見られる大黒天とあまりにも大きなギャップがあることに驚かされる。

大黒天のルーツはインドの宗教であるヒンズー教にさかのぼることができる。ヒンズー教はバラモン教を前身とし、インド各地の土着信仰を取り入れて、四世紀ごろ成立している。大黒天はサンスクリット語のマハーカーラを翻訳した語である。このサンスクリット語を漢字で音写すると摩訶迦羅（まかから）となる。

ヒンズー教では、宇宙の創造神ブラフマー、宇宙の維持神ヴィシュヌ、宇宙の破壊神シヴァが重視されている。シヴァの化身がマハーカーラといわれている。

インド神話によれば、シヴァは破壊するだけでなく、恩恵をもたらす神であり、魔神や死神を退治することもある。

シヴァは仏典では摩醯首羅（まけいしゅら）、摩醯湿伐羅（まけいしゅばら）、大自在天（だいじざいてん）、伊舎那天（いしゃなてん）、商羯羅天（しょうからてん）などさまざまな名を持つ。

シヴァは名前が多くあるのに並行して、その働きもきわめて複雑である。大黒天が複雑な神であるのは、シヴァが複雑な神だからだろう。

『仁王経良賁疏』（七六五年）に次のような物語が紹介されている。

「昔、天羅国王には、斑足と呼ばれる太子がいた。彼が王位につこうとしたとき、善施という名の外道の師が、王に灌頂の儀式を行うことになっていた。ところが、この師は斑足に一〇〇〇人の王の頭を取って、墓場に住む摩訶迦羅・大黒天神にそれを捧げて祀るように命じた。そうすれば、自ら王位につくことができる、と言われた」

このように、マハーカーラは血生臭い神として語られている。

マハーカーラは、インドの烏屍尼城の東にある奢摩奢那というしかばねの林に住んでおり、諸々の鬼神、無数の眷属神を従えて、夜中に林の中を遊び歩き、人の血を吸ったり肉を食べたりする。

空中を飛ぶなどの神通力を持っており、さまざまな珍しい宝物や身を隠すことのできる薬、長寿薬、幻術薬などを持っている。

マハーカーラはそれらの珍宝や妙薬を人に与えるが、そばに鬼神が隠れていて、それと引き換えに人間の血肉を奪い取る。そのとき、人間が陀羅尼を唱えれば無事に珍宝や妙薬を手に入れることができる。

また、酒やごちそうを供えてもてなすと、その人の願望を成就させ、加護するともいわれている。

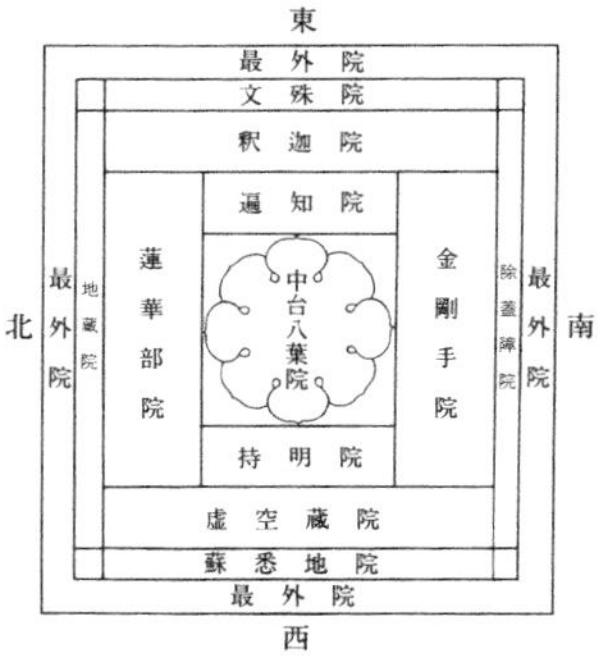

不空羂索観音像（ラトナギリ遺跡）

勝利の神マハーカーラ

良賁の『仁王般若経』や『孔雀王呪経』には、大黒天に供物を奉って礼拝するならば、あらゆることに勝利を得ることができる戦勝の守護神であると記されている。『仏祖歴代通載』という仏教史書がある。中国・元の臨済宗沙門念常の撰で、念常は華亭（甘粛省平涼）の人で浙江省嘉興の大祥符禅寺に住したという。

本書は元代の一三三三年までの編年体の仏教通史であり、歴代皇室・官僚の興仏排仏に関する事跡や文書、仏教と儒教・道教との関係、仏僧の訳経や撰述及び伝教活動など、禅宗が仏教の正統派という立場で記述されている。この時代の様子を知るうえで、貴重な書である。この書には、一三世紀にモンゴル人の間で、マハーカーラが戦闘神として信仰されていたことが記されている。

「現図胎蔵界曼荼羅」の外金剛部院（最外院）のなかの左方第三番目に見られる忿怒相の大黒天は、黒い身体で、髪は燃え上がるように逆立っており、三面六臂である。これは摩訶迦羅天ことマハーカーラの姿である。曼荼羅は密教において重視されているが、なかでも極め付きに重要なのが「現図曼荼羅」と称されるものである。この現図曼荼羅は、前述したように空海が中国に渡って日本に持ち帰ったもので、金剛界曼荼羅と胎蔵界曼荼羅の二つがあることから「両部曼荼羅」ともいわれる。

胎蔵界曼荼羅（胎蔵曼荼羅ともいう）には数多くの神仏が描かれているが、この中に現在、我々が一般に「大黒天」「大黒さん」などと称している福の神的な大黒天は、どこにも見つけることができない。最澄や空海が活躍していた平安初期には、大黒天といえばマハーカーラそのもので、現在ふつうに見るような大黒天はまだ成立していないことが分かる。

人の血肉を好むマハーカーラ、つまり大黒天は仏教寺院で祀られるようになると、少しずつ変化していった。

『不空羂索神変真言経』第二五巻に次のように記されている。

「もし大黒天が現れることを望むならば、黒月（古代インドの暦法で、満月から後の一五日間のこと）八日から斎戒沐浴して心身、衣服を清浄に保ち、夜はしかばねを捨てる所で火を焚いて加持を行い、昼夜にわたって一万遍の護摩行をなして、一五日間断食し、供物、香華香水を捧げれば、大黒天は多くの鬼神、無数の眷属神を従えて現れ、願い事をかなえてくれる」

おそらくマハーカーラは大黒天として仏教に取り入れられることにより、戦闘神から施福神へと変化していったのではないだろうか。

大日如来が三面大黒天に変身

『大日経疏』によれば、「摩訶迦羅は大黒神である。毘盧遮那（大日如来）は荼吉尼天を除こうと欲して大黒天となる」という。

『大日経疏』は善無畏三蔵（六三七～七三五）の教えのもとに一行禅師（六八三～七二七）が撰述した『大日経』の注釈書である。これは、二〇巻本で、一般的には真言宗によって使用されており、天台宗では智厳と温古がこれを編集し直したという一四巻本の『大日経義釈』を使う習わしになっている。

『大日経疏』の第一〇巻で、一行は『大日経』の荼吉尼真言を注釈して、次の様に書いている。

インド最大の金剛界大日如来像（ウダヤギリ遺跡）

次に荼吉尼真言について。世間に荼吉尼の方術を行う者がいる。荼吉尼と呼ばれる女鬼たちは、自在に呪術を行い、命が終わろうとする人間がいると、六か月前に、そのことを知る力をもっているという。

それを知ると、ある方法によって、その心臓を取り、食ってしまう。人間の体には、牛に牛黄があるのと同様、人黄というものがあり、それを食べると、あらゆる成就が可能になって、一日のうちに、四域をめぐることができたり、全てを意のままに獲得できたりするようになる。

荼吉尼はこうして、人々を思うままに支配して、また、彼女たちを厭う者に対しては、術をもって支配し、ひどい病苦を負わせることができる。しかし、荼吉尼の方術では人を殺すことはできない。

方術によって人が死ぬ六か月前にそのことを知り、術で心臓を取るが、また別の方術

茶吉尼天（胎蔵旧図様）

茶吉尼天（御室版両部曼荼羅）

があって、別のものでその代わりにしておくのだ。こうして、その人は死ぬことはないが、定めの時が来ると突然、破壊されてしまう。茶吉尼は夜叉の類であり、人の血肉を好んで食べる鬼であり、巨大な自在力を持っている。彼女たちは大黒神の眷属である。

ある時、大日如来は茶吉尼の害を除くため、灰を体に塗って自ら大黒神になり、水の上を歩いている茶吉尼たちを集めて叱責した。

「お前たちは常に人を食う。だから私は今、お前たちをここで食ってやる」

大黒天はいったん茶吉尼を口に入れたが、殺さないで、吐き出した。そうすると茶吉尼は伏して謝ったので、如来は彼女たちにいっさいの肉食を断つことを命じた。すると、彼女たちは言った。

「すべての肉食を断ったら、私たちはどのように生きていったらよいのでしょうか？」

大日如来は言った。

「それならば、死んだ人間の心臓を食べることは許そう」

茶吉尼はこう尋ねた。

「人が死にかけると、多くの大夜叉どもが、命が尽きるのを察知して、私たちよりも先に食べてしまいます。私たちのような力の弱い者が、どうして自分たちの分を得ることができるのでしょうか？」

如来は言った。

「それならば、お前たちのために、真言と印を授けてやろう。そうすれば、お前たちは、人が死ぬ六か月前にそれを知り、死ぬまでは方術によって、他の夜叉どもに損なわれることがないようにして、命が尽きるときは、直ちに食べることができるようになるだろう」
こうして、如来はようやく荼吉尼を仏道に導くことができた。

前述したようにマハーカーラは極忿怒相で三つの顔を持つ。正面の顔には目が三つある。ドクロや毒蛇などの飾りをつけた姿に表現されているが、これがインドにおけるマハーカーラの最も一般的な姿だった。ところが、このような姿形の像は日本ではほとんど広まらなかった。

なぜか姿が変化した大黒天

唐代に義浄（六三五〜七一三）という学僧がいた。彼は斉州（山東省歴城県）の出身で、俗姓は張氏。字は文明。若くして出家し、法顕や玄奘が求法のためインドに赴いたことを慕い、六七一年（高宗の咸亨二）三七歳のとき、死を覚悟して広州から単身、海路インドに赴く。那蘭陀寺で仏教を学び、各地の仏跡を巡礼した。

六八九年（則天武后の永昌一）いったん広州に帰り、その年また「室利仏逝」（七〜一一世紀ころ栄えたスマトラの王朝）に至り、南海諸国の仏跡・教団を訪ね、六九五年（則天武后の証聖一）洛陽に帰った。インドや東南アジアで二五年間を過ごしたことになる。

クシナガラ

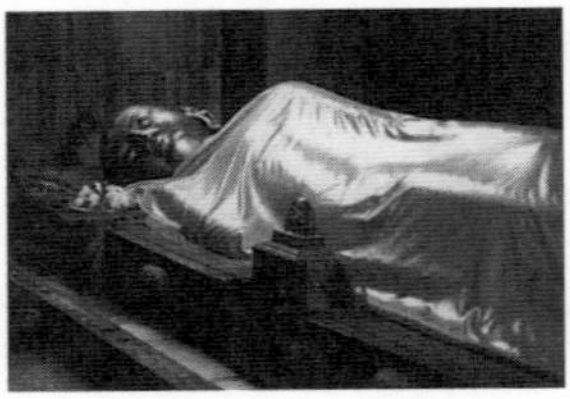

クシナガラ涅槃像

『南海寄帰内法伝』は室利仏逝に滞在の期間に書かれ、六九一年（則天武后の天授二）、長安へ託送されたものである。当時のインド、南海三〇余国の民俗・社会を知る上で貴重な資料とされている。

この書には、次のようなことが記されている。

西方（インド）の大きな寺には、食厨の柱の側や倉の門の前に、二、三尺の木に彫刻した神王の像が置いてある。金の巾着（金嚢）を持って、小さな床几に座り、片足を地にたらした形である。この像は、いつも油で拭かれているので、真っ黒になっている。

これは、大黒神と呼ばれる神である。古来、伝えられていることは、この神は大天（シヴァ神の異名）に属するといい、本来仏教の三宝を愛して五種類の僧衆を護り、彼らに害が及ばないようにしているという。この神に祈る者は、必ずその願いがかなえられる。食事の時間には、厨房の者が、いつもその像の前に香火をたき、飲食物を並べる。

私はかつて仏が大涅槃の教えを説いたクシナガラの般弾那寺に行ったとき、次のような話を聞いたことがあった。この寺には通常、一〇〇人余りの僧が住んでいるが、春、秋の巡礼の時には予期しないのに、多くの僧が到来することがある。ある時、ちょうどお昼の時間に、五〇〇人もの僧が来たことがあった。もうお昼どきだというのに、煮炊きするものは何もない。寺の事務を預かる僧は、困惑して厨房の者に言った。

義浄が学んだナーランダ仏教大学跡

「倉はこのような状態なのに、どうしたものだろう」

すると、寺で僧に給仕する俗人の年老いた母が次のように言った。

「これはよくあることです。ご心配には及びません」

そして大黒天神像の前に多くの香火をともし、たくさんの供物を並べて、神に祈願した。

「大聖仏（釈迦世尊）は、涅槃にはいられましたが、その徒はいまだにこれほど多くいます。四方からその聖なる跡を礼拝しにたくさんの僧が訪れてきたのです。彼らに供する飲食物を欠いてはなりません。これは、大黒神の力に頼るほか、すべはありません。どうぞ霊験を現してくださいますように」

そうして、すべての僧侶を食卓につかせ、寺の通常の食物を配っていたところ、集まっていた僧侶はみな腹いっぱい食べて、さらにその余りもいつもと変わらなかった。人々は口々に、「なんとすばらしいことだ」と言い、大黒天神の力に感嘆したという。私は自らこの場所に行き、その神の姿を見ることができた。神像の前には、多くの供物が、捧げてあった。

「これはどんな意味ですか？」と私が尋ねると、この寺の僧侶が次のように話してくれた。

「中国では、古来、淮水（わいすい）より北では、祀られることはありませんが、江南ではこの神を安置するところが多くあります」

この大黒天神は願い求める者には霊験を示し、不思議な働きをするのである。

南海寄帰内法伝方式の大黒天

観音寺　延暦寺　西教寺　明寿院

淮水は、淮河（わいが）ともいう。中国の大河で、現在の河南省の南部・桐柏山に発源し、安徽省を経て、洪沢湖を貫流し、江蘇省に出て大運河に連なる。下流は黄河の旧河道を通って黄海に注ぐ。

江南は、長江下流南側の地。江蘇省・安徽省南部と浙江省北部を含む。長江以南の地方を指すこともある。

義浄が生きていた時代には、インドだけでなく中国南部の寺院でも一面二臂・神王の姿をした摩訶迦羅、つまり大黒天が食生活を維持させる施福神、あるいは仏・法・僧の三宝を愛する護法神として祀られていたことが分かる。

それならば、三面六臂の極忿怒相のマハーカーラと神王の姿をしているこの大黒天とは、一体どんな関係があるのだろうか。何の関係もない別の神なのだろうか。マハーカーラと義浄が見た大黒天の関係について記された書はなく、謎というほかはない。

『南海寄帰内法伝』式の大黒天は、中国経由で我が国にもたらされ、今も現存している寺院がある。ところが、発生もとであるインドにこの式の大黒天が、どこを調べても残っていないのである。この問題について、どのように考えたらよいのだろうか。

同式の大黒天は木彫である。おそらく、乾燥した空気によって傷むのを防ぐために、毎日、油で拭かれていたのだろう。インドで仏教が衰えるとともに、義浄が学んでいた頃の大規模な僧院が破壊され、それに伴い、木彫の大黒天像もあっけなく雲散霧消してしまい、新しく作る者もいなかったのではないだろうか。

第二章

渡来当時の三面大黒天

三面大黒天が日本に渡来した当時の仏教事情

ここで大黒天が日本にもたらされた当時の仏教について考えてみたい。大黒天は密教とともに日本に来た。密教が中国からもたらされる以前である天平時代末の我が国仏教界は、どのような状態だったのだろうか。

このころの仏教の中心は奈良で、東大寺、西大寺などの大寺院はかなり堕落していた。僧侶たちは寺のお金を貸し出して利子を稼いでいたという。厳格な戒律を守っていなければならないのに、金貸しまでしていた。

ところが、奈良の南都仏教の勢力は、朝廷ですら動かすことのできない大勢力だったので、桓武天皇は都を今の京都、つまり、平安京に移した。都を移すのには莫大な経費がかかるのに、敢えてそれを実行したのは、僧侶たちの堕落があまりにもひどかったためだろう。

桓武天皇は、まず長岡京に移り、それから間もなく平安京に都を移している。このとき、天皇は奈良の寺が平安京に移ることを拒否している。

この時代、まだ信仰が生きていた時代なので、寺が全くないのは心細いと考えたのだろう。それで、平安京の正門である羅生門の東西に、東寺と西寺を建立し、これらの寺院で都を鎮護しようとした。

また、延暦二三年（八〇四）に長く途絶えていた遣唐船が出ることになった。それまで、

桓武天皇

派遣される留学僧は、南都の寺の僧の中から選ばれていたが、この時には、山林修行者の中から選ばれた。

この山林修行者で遣唐使の留学僧に選ばれたのが、最澄と空海である。最澄はもともと近江の国分寺の僧だが、国立の国分寺の僧ではもの足りなくて比叡山に登り、そこに草庵を設けて修行していた。最澄は今の大津の出身だといわれている。

空海は讃岐の豪族の息子だった。身内の者が仕官して平安京に出ていたので、空海も学問をしようと考えて、都の大学で学んでみたものの、大学の学問にもの足りなさを感じた。大学をやめて四国の山々などをめぐって修行し、瞑想にふける日々を過ごしていた。

南都仏教が堕落した原因の一つとして、僧侶になるための試験は経文を丸暗記するだけだったことがあげられる。朝廷も仏教修行者も新しい仏教を求めていた。この要望に応えたのが、最澄と空海だった。

最澄は留学先で何を見たのか？

最澄は延暦四年（七八五）一九歳のとき東大寺の戒壇で具足戒を受けたが、僧堂生活をしないで比叡山に入って山林修行の生活に入った。この修行中さまざまな仏教典籍を読破するなかで天台の典籍に出会った。これは鑑真和上によってもたらされたものである。

全ての人の成仏を説く天台法華の教学に魅せられた最澄は、さらに山に籠もって行学に励んだ。その行学の成果が結実し、内供奉十禅師に任ぜられ、高雄山寺（神護寺）法華会の講師に招かれた。その評判が天皇の耳にも達し、それが機縁で入唐求法の還学生（短期留学）に選ばれた。

最澄は弟子の義真を通訳に連れ、空海とおなじ延暦二三年（八〇四）七月、遣唐副使の第二船に乗って出発。八月末、中国の明州（寧波）に到着。船旅に体調を崩した最澄はしばらく天台山への出発を遅らせる。九月一五日、明州の牒（ビザ）を得て天台山に向かう。二六日、歩いて台州の臨海に到着。

天台山に直行しないで大回りをしたのは、台州の滞在許可（ビザ）が必要だったからである。最澄は台州刺史（地方長官）陸淳に面会した。最澄は陸淳によって当時の天台宗の最も優れた高僧たる道邃和尚に出会うことができた。道邃は、天台山修禅寺の座主で、天台宗の中興の祖である第六祖荊渓大師湛然（七一一〜七八二）の弟子だった。『顕戒論』によれば、道邃に弟子入りさせたのは陸淳だったという。道邃和尚は刺史陸淳の依頼で、たまたま天台山から台州の龍興寺に『摩訶止観』などの講義に来ていた。

天台山は現在の中国・浙江省中部にある名勝地で、天台宗発祥の地である。天台山の南山麓に国清寺がある。この寺は天台宗の実質上の開祖、智顗（五三八〜五九七）が隋代に創建した寺である。

最澄は天台大師の祖廟参拝のため天台山に登る。国清寺では惟象阿闍梨から雑曇荼羅の供養法（密教）を受け、天台山仏隴寺では行満和尚に八〇余巻の仏典と荊渓大師湛然の遺品を授けられた。そして、天台大師の廟のある真覚寺に詣でて、「求法斎文」を誦した。

一一月、天台山巡礼を終えて臨海の龍興寺に戻る。ここで受学と日本に持ち帰る仏典書写に専念することになる。最澄は八か月の入唐期間のうち六か月は台州に留まり、そのほとんどを龍興寺で過ごす。また、弟子の義真は国清寺の戒壇で具足戒（小乗戒）を受け、帰国後に入唐僧としての資格を得て、後に初代天台座主となる。義真は同時に国清寺固有の典籍を書写した。

一〇三部二五三巻（一説には二三〇部四六〇巻）もの写経を終えた。還学生（短期留学）の最澄にとって帰国船に乗るまでの期間は限られていた。それにもかかわらずこれだけの成果を上げた。これには陸淳が二〇人の写経生の動員に協力し、道邃和尚、行満和尚も資料の厳選と収集、僧侶の動員など好意的な協力を惜しまなかったこともあったのだろう。

唐の徳宗の貞元二一年（八〇五）四月一八日、越州（紹興）の龍興寺にいた順暁から、峰山道場で、密教の伝法を受けた。具体的には、胎蔵界の三部三昧耶の灌頂と併せて図様契印法、つまり曼荼羅などの尊様と印契とを受けることができた。これが、台密の出発点である。五月一八日には明州を出発して日本に向かったことが『日本後記』に記されている。

だが、当時の最澄は、胎蔵界（『大日経』に基づく密教）と金剛界（『金剛頂経』に基づく密教）の区別を知らなかった。最澄がいかに天才でも、わずか一か月では密教の奥義を究めるのは、難しかったのではないだろうか。帰国後、空海との交流を経て、初めて胎蔵界と金剛界の違いとその内容を知ったのである。

では、三面大黒天の感得につながるものには、留学中に何も見なかったのだろうか。中国南部の雲南省にある雲南省博物館に、チベット密教の影響を受けた三面六臂忿怒相のマハーカーラ立像が展示されている。また、浙江省の杭州市内にある宝成山石窟には、恐ろしい表情のマハーカーラの石像が安置されている。おそらくこのようなマハーカーラ像は、宝成山だけでなく浙江省の各地に見られると思われる。だが、これらは中国密教の後期、元代（一四世紀前半）に作られた可能性が強い。

ただ、最澄が大黒天の彫像に接した可能性の極めて濃厚なものが一つある。三六ページに『南海寄帰内法伝』式の大黒天が七世紀のインドだけでなく、中国南部の寺院にも祀られていたことを述べた。

おそらく最澄は寺院の食堂（じきどう）あるいは厨房で、同式の大黒天を見たのではないだろうか。それを証明する文書は存在しないが、日本の天台宗の寺では、かなり古い時代から同式の大黒天が祀られており、滋賀県にある金剛輪寺・明寿院には貞観年間（八五九〜八七七）作の木彫像が現存する。

もちろん比叡山にも平安時代に、このタイプの大黒天が祀られていたと考えられるが、焼失したためか、現在は南北朝時代の彫像が安置されている。

帰国後の最澄

最澄が請来した美術について、まず、請来目録に掲げてある美術関係の名を紹介する。

一、台州録に掲げるもの
・摩訶止観三徳図　一張
・天台山智者霊応図　一張
・天台山国清寺壁上大使説法影像并仏頂及維摩四王六祖像　一巻　一一紙
・法華三周図　一巻
・梵漢字随求即得曼荼羅　一張
・梵種字曼荼羅　一張
二、越州録に掲げるもの
・檀様　一巻
・三十七尊様　一巻
・三十七尊供養具様　一巻
・金輪仏頂像様　一巻
・七倶胝仏母像様　一巻
・火頭金剛像様　一巻

・八菩薩様　一巻
・剡山石城寺（えんざんせきじょう）弥勒石像碑　一巻
・三如来画像賛　一巻
・五鈷抜折羅様　一口
・金剛輪　二口
・金剛羯磨（こんごうかつま）　二口
・真言和上付法印信三鈷抜折羅　一口

これらのほかに最澄の録外請来として、阿娑縛抄第九九巻文殊五字の巻に掲げる児文殊像が挙げられるだけである。

にもかかわらず、帰朝後に早々と延暦二四年（八〇五）九月、神護寺（高雄山寺）で胎蔵法の伝授を行ったとき、胎蔵界曼荼羅図を描いたことが知られている。おそらく、胎蔵界曼荼羅図を描くための参考図像を請来していたのではないだろうか。

胎蔵界曼荼羅図には、三面六臂忿怒相の大黒天が描かれているので、最澄は留学中に図像における大黒天も知っていたことが考えられる。

最澄が新しい仏教を持ち帰ったという話を聞いて、大勢の人々が比叡山に上って弟子になりたいと申し出た。最澄は彼らに厳しい態度で臨んだ。

弘仁九年（八一八）弟子たちが守らなければならない細かい規則を記した『山家学生式（さんげがくしょうしき）』を

作成した。もし本当に自分の弟子になろうとするなら、一二年間、比叡山から下りてはならないとした。最澄は多くの若者を集めて、比叡山に仏教総合大学のようなものを作り、そこで僧を養成しようと構想していたかもしれない。最澄が三面大黒天を感得したとすれば、おそらくこの頃ではないだろうか。

最澄はいろいろな場所で、自分が持ち帰った天台宗の教えを説いて回った。すると旧仏教である南都六宗と対立した。最澄が最も悩んでいたことがある。当時、正式な僧侶になるには南都の東大寺、九州筑紫の観世音寺、東国では下野（しもつけ）の薬師寺に行って、戒を受けなければならなかった。これら三つの寺の戒壇以外では、僧侶になることはできない。

そこで最澄は、比叡山にも独自の戒壇を造り、そこで受戒ができるようにしてほしいと朝廷に申し出た。ところが、東大寺をはじめとする南都の諸宗から猛反対された。最澄の生涯は、比叡山に戒壇を造ることに費やされた。最澄は多くの書物を著しているが、そのほとんどで、南都仏教を批判している。最澄が亡くなってから七日目、ようやく比叡山に大乗戒壇を造ってよいとする勅許が下りたのだった。

密教の正系を受け継いだ空海

一方、空海は中国に渡る前から中国語に熟達しており、現地へ行ってもなに不自由なく新しい仏教を学ぶことができた。延暦二三年（八〇四）に行って、二年後の大同元年に帰国している。

新しい仏教というのは、密教のことである。これはインドで生まれたタントラという仏教の一派で、仏教の中にバラモン教の諸神を取り入れて、加持祈祷を重んじるものである。インドで密教が生まれたのは、五、六世紀で、すぐに廃れてしまったが、やがて中国、ネパール、チベットに伝わった。

中国に伝わったのは、八世紀の初めといわれる。インドの僧である金剛智(こんごうち)が七二〇年に密教の経典を携えて、洛陽を訪れ、ここで密教の経典を漢訳した。この金剛智が、中国における真言宗の第一祖で、経軌(きょうき)のすべてを受け継いだのが不空。不空から伝授されたのが恵果(けいか)、それから空海である。

そのころの中国では、密教が滅びる兆候が見えていたので、恵果は空海に密教のすべてを伝授した。その後、まもなく中国の密教は全滅した。このことから分かるように、空海は密教の正系を伝授されたのだった。

空海が帰ってきたとき、最澄が南都仏教を批判して、天台宗の優位性を主張していた。空海は、密教の正系すべてを伝授されたという誇りと自信を持っていたが、ここで目立った動きをすると、最澄と同じような目に遭うと考え、表立った行動を控えていた。

密教は、秘密仏教の略で、南都六宗はこれに対して、顕教と呼ばれている。顕教では弟子たちを集めて講義をする。密教では、秘密のうちにいろいろな秘法を伝授する。つまり、講義を聞いてそれを暗記するのではなくて、心の中で感じとることをよしとした。

この「感じとる」のは秘密の経軌だが、それは清浄な山の上で、師と弟子が向かい合って伝授するもので、それを灌頂という。最澄は空海より七歳ほど年上だが、空海が真言密教の経典を持ち帰ったことを知ると、一二部の経典を借りることを請う書状を送っている。大同四年（八〇九）のことである。この書状には「下僧最澄」と記されているが、これ以外の空海に宛てた書状にも「弟子」「小弟子」など、当時の最澄の寺院社会における評価などを考えると、過剰なほどのへりくだりぶりである。だが、これらの書状には最澄の純粋で真摯な人物像をうかがうことができる。

弘仁四年（八一三）一一月、最澄が不空訳の『理趣釈経』二巻の借用を申し出たが、真言を学ぶならば実際に空海の所で修行しなければならない。言葉ではなくて、師の心から弟子の心へ直接伝えられるもの、ということで空海が拒絶。それ以降、交流は途絶えた。

そのとき最澄は何を見て何を作ったのか？

最澄が三面大黒天を感得したのは平安時代初期と考えると、平安時代に作られた三面大黒天があってよさそうなものだが、古い三面大黒天はどこにも存在しない。筆者が調べた範囲では、室町時代に作られたものが最も古い。平安時代から室町時代までの空白をどのようにとらえたらよいのだろうか。

考えられることとして、第一に最澄が感得した事実はなく、単なる伝説にすぎないということ。第二として、感得したとしても、三面大黒天を秘仏にして全く公開しなかったことだ。

『叡岳要記』(文永年間　一二六四～一二七五に成立)に、比叡山政所大炊屋に伝教大師・最澄が作った大黒天像が一体安置されているという記事がある。

『渓嵐拾葉集』(一三一一～一三四八年間に成立)大黒天法にこの像を説明している。それによれば、「伝教大師が山を開くとき、大地が振動して下方の空中から一人の老人が湧出したので、感見したままの姿をお作りになった。これが今の政所に安置されている大黒天の相貌である。その身はすなわち堅牢地神である」とある。

さらに『近江輿地史略』(享保一九年　一七三四成立)が政所大炊屋の大黒天像について次のように記している。

「この大黒天の像は三面である。それで三面大黒天という。昔、伝教大師が登山していたとき、大黒天神が現れて〝私がこの山の守護神になりましょう〟と言った。伝教大師は答えた。〝私の山は一念三千、三千一念の義に擬して、三千の衆徒があります。大黒天は日に千人を扶持するといわれています。三千にはとても及びません〟。このとき、大黒天はたちまち三面六臂の姿で現れた。伝教大師は歓喜して、この像を自ら刻んで、ここに安置した」

最澄が感得して祀ったのが日本型三面大黒天のはじまり

西村市郎右衛門が著した物語集『宗祇諸国物語』(貞享二年　一六八五年刊)に、次のよう

堅牢地神（四種護摩本尊及眷属図像）

に書かれている。

「昔、伝教大師が比叡山を開基しようとしていたとき、福神に祈願し、この山を開いて仏法を流布するために、三千人の衆徒を住まわせたいと誓った。衣食が乏しければ、この願いはかなわない。天神地祇（てんじんちぎ）がこの願いに助力してくれるなら、何かの証を見せてもらいたい。そうすると、三面の福神が忽然（こうぜん）として出現した。これが、大黒天、毘沙門天、弁才天合体の一像だった。大師は喜んで、この像を写し留めようとして三体同じ形に刻んだ」

このように伝教大師は三面大黒天を三体も刻んだということになっている。その中の一つが比叡山に、一つが大和の三輪に、残りの一つが大和下市にあるという。

また、『七大寺巡礼記』に、興福寺の弁才天祠の地下に一〇〇体の大黒天が埋められているという記事がある。唐の神愷（しんがい）が著した『大黒天神法』に「ある人が言うには、大黒天神は堅牢地神の化身である」と書かれている。比叡山の三面大黒天が地中から現れたという伝説も、これを参考にしたのではないかといわれている。

また、『三輪社縁起』には「最澄が大黒天神の現れるのを見ると、杉の杖を持っていた」という記事があることについて、我が国の道祖神信仰と地蔵信仰に関係しているのではないかと考える説もある。

だが、『近江輿地史略』も『宗祇諸国物語』も江戸時代に成立したことを考えると、最澄が三面大黒天を感得したのは、伝説の領域を出ないのではないだろうか。そのうえ『南海寄帰内法伝』方式の大黒天は、早いうちから天台宗に取り入れられている。最澄は果たして本当に三面大黒天を感得したのだろうかという疑問が生じてくる。

厳しい顔立ちの日本型三面大黒天

現在、比叡山延暦寺大黒堂に安置されている三面大黒天は、秘仏として扱われており、実物を見ることはできない。大黒堂には秘仏の形に作ったレプリカがある。いずれも真ん中にひげを生やした老人が立っており、右側に毘沙門天、左側に弁才天を配している。

大黒天の表情は忿怒相ではないが、かなり厳しい顔立ちをしている。三面大黒天の原形であるインドの大黒天が忿怒の形相をしているのとおおいに関係があるのではないだろうか。

ちなみに平安時代から鎌倉時代までに作られたといわれる一面二臂の大黒天も厳しい表情をしており、荷葉の上に脚を置いており、俵の上に立っている像は室町時代初期から作られたといわれている。

比叡山大黒堂に祀られている三面大黒天は、織田信長の焼打ちに遭って焼失した。その後、新しく作られた像が現在、大黒堂にあるといわれている。それで、最澄が感得したといわれる三面大黒天が具体的にどのような様相だったのかは知るすべがない。ただ、毘沙門天と弁才天の信仰が本格的に始まったのが室町時代であることを考えると、最澄が生きていた時代の三面大黒天は、三面とも大黒天であった可能性のほうが強いのではないだろうか。また、後の方で日蓮と大黒天との関係について触れるが、鎌倉時代に比叡山で三面大黒天が祀られていたと思われるような史実があるので、最澄が三面大黒天を感得したのは伝説であると決めつけることもできないと思われる。

比叡山の守護神として延暦寺の経済を支える

延暦寺では造立当初から大黒天を信仰していた。寺の台所に大黒天像を祀り、比叡山の守護神とした。最澄の弟子、別当大師・光定（こうじょう）も大黒天信仰が篤かったといわれている。

前出『大黒天神法』に、次のように記されている。

「大黒天神は、大自在天が変身したものである。インドならびに我が国（中国）の諸伽藍などに安置されている。大黒天神とは堅牢地神（けんろうじしん）の化神である。伽藍にこの像を安置して、毎日、炊きたての御飯を供えて敬えば、必ずそこに訪れて衆多の僧を住まわせ、必ず千人の衆徒を養う。僧だけでなく一般人も同じである。もし三年間、専心して供養すれば、必ずそこに来て富貴あるいは官位爵禄を授与する。わたしの体は五尺に作りなさい。もしくは三尺、二尺五寸でもかまわない。肌はことごとく黒色にして、頭には烏帽子をかぶらせなさい。袴を身に着けて、狩衣を前にたれるようにして、すそは短くして袖は細くしなさい。右手は拳に作って右腰に収めるようにして、左手には大袋を持たせ、背から肩の上にかかるようにしなさい。袋はねずみ色にして、垂下は臀上を余るようにしなさい。このように作り終わったら、みんなが集まる食堂（じきどう）

に据えて供養すれば、その僧院もしくは一般の住宅でも必ず栄えるだろう」

『大黒天神法』は唐の僧・神愷の著作といわれているが、偽書であるとする説がある。「烏帽子」「狩衣」などという言葉は中国にないからである。だが、我が国の大黒天は『大黒天神法』をもとにつくられている。

この書では、インドの三面大黒天の面影はすでになく、福徳神としての性格が濃厚である。寺院の僧侶の生活を維持するだけでなく、一般人も大黒天の恩恵にあずかることができる、と説いている。

大黒天は「千人の衆徒を養う」という表現は、『大黒天神法』にしかない。したがって、最澄が「千人ではなく三千人の衆徒を養いたい」と祈願したということは、最澄の時代には既に『大黒天神法』は広くゆきわたっていたと考えられるのではないだろうか。

『大黒天神法』式の大黒天は「負袋式」とも呼ばれ、袋を背負っているのが特徴である。同式の大黒天は最もポピュラーなスタイルとして、後世、寺院だけでなく一般人の家でも、祀られるようになる。「負袋式」大黒天で現存する最も古い像は、後に紹介する観世音寺の大黒天立像である。この像の高さは、約一七〇センチメートル、等身大である。

ところが、時代が下るにつれて頭でっかちで三等身、腹がつき出るほど太っており、まるで漫画のようなスタイルになってくる。そのうえ、古い像ほど忿怒相もしくは厳しい容貌をしており、しだいに穏やかな容貌に変化してくる。これは、『大黒天神法』式の大黒天だけでなく、『南海寄帰内法伝』式の大黒天にも共通している。つまり、古い時代のものであるものほど、均整がとれて厳しい顔をしている姿なのである。

比叡山大黒堂に安置されている三面大黒天は、実物を見ることはできないが、大黒堂にあるレプリカによって、その形状を推測することができる。同三面大黒天は小像だが、均整の取れたスタイルをしている。比叡山は織田信長により焼き打ちされており、大黒堂の三面大黒天は再建されたときに、作られたものである。

おそらく比叡山には、三面とも大黒天で均整のとれた三面大黒天が秘仏として安置されていたのではないだろうか。福神信仰が盛んになった室町時代に、大黒天、毘沙門天、弁才天すなわち三神一体の合体神が新しく作られたものと思われる。

第三章

三面大黒天の中世的展開

大黒天と神仏習合

大黒天の発祥の地はインドであることは明白だが、今日我が国で信仰されている大黒天は、インドのものとも、中国のものとも異なっており、我が国独自の様式である。

大黒天の姿かたちの変遷は、三期に分けられる。第一期は平安期で、インドや中国の大黒天の形式と信仰をそのまま受け継いでいる。

第二期である鎌倉時代は少しずつ日本風になり、第三期である室町時代には今日に見られるような大黒天の姿になった。

平安時代中期頃から大黒天と大国主命（おおくにぬしのみこと）が結びついてきた。大黒天と大国主命が明確に結びつけられたことの分かる文献は『塵袋（ちりぶくろ）』（一二六四〜一二八八年頃成立）である。大国主命は、従来五穀豊穣の神として信仰されていたので、大黒天の台座は俵（たわら）に変わった。それまでは、蓮葉の下に台があり、それに摩尼宝珠（まにほうしゅ）、摩尼の槌（つち）、隠蓑（みの）、隠笠（かさ）の模様を描き、大黒天はこれらの宝物を持っており、財宝を与えるという意味を持たせていた。

それまで、忿怒あるいは厳しい表情をしていたのが、福徳円満の相になったのもこのころである。

これらの過渡期を経て、室町時代半ばごろ以降、台座に描かれていた小槌は手に移り、蓮葉はなくなり、兜（かぶと）ないし烏帽子は大黒頭巾となり、容貌はますます福相になった。さらには笑い顔になっていった。

従来、寺院だけに祀られていた大黒天は、鎌倉時代から室町時代にわたり、特に比叡山の三面大黒天が、本地(ほんじ)大国主神として京都地方の民衆の篤い信仰の対象になった。

従来恐い顔をしていたはずの大黒天も、いつしか柔和な親しみやすい面相に変わっている。硬く握って、腰にあてていた右手は、宝を打ち出す小槌を握るようになる。インドの大黒天は、性格が変わって、日本の大国主神に近くなってきている。

大国主神であるということから、西宮(にしのみや)の夷三郎(えびすさぶろう)と並べられるようになった。こうしていつしか、大黒天と夷が並んだ形で祀られるようになってきた。この風習は、室町中期ごろのことであったと思われる。二つの福の神を並べて祀る風習は、七福神の成立以前に、できあがっていた。七福神が成立した後も大黒天と夷を並べて祀る風習は、依然として、衰えなかった。

大黒天像に関しては、平安時代初期のものと思われるほど古いものから、現代の新作木像・塑像に至るまで、各時代を通じて、形が異なっている。時代によって、それぞれ様式に相違があるのは、大黒天の変遷を研究するうえにおいて、もっとも興味のあることといえよう。

不人気だった『南海寄帰内法伝』の大黒天

普通、大黒天像とされているものは、左手に袋の口を握って、これを背中に負う点において、ことごとく一致している。袋を背負っているという理由で、それが、大黒天であるかどうかを鑑別しうるほど特徴の著しいものである。

覚禅鈔大黒天

これらの像とは趣を異にして、左手もしくは右手に、金嚢を握ってこれを左もしくは、右の胸部に控えている姿で、大黒天であると伝えられている像がある。

この種の像は、必ず他の手に、宝棒をもち、体には通例鎧(よろい)を着ており、頭には天冠をかぶり、臼や岩座の上に、半跏坐して、右足を下に垂れている。その容貌も、普通の大黒天とは異なり、笑っているたぐいのものではなく、まじめな面相か、あるいは威厳をたたえているものが多い。

普通の大黒天像を見慣れている人にとっては、この像は、到底大黒天としては認めがたいものではあるが、いまなお、一部の寺院においては、古来この像を大黒天として祀っている。この種の像は、大きなものは少なく、大きくてもせいぜい、高さ約七五センチメートルくらいで、普通は、一五センチ、一八センチないし二七センチメートルくらいのものが多い。この種の大黒天像に関する記事は、前述した唐の義浄の『南海寄帰内法伝』に見られる。

元来インドの大黒天はシヴァ神の変身として、三面六臂で忿怒の面相をしており、極めて恐ろしい戦闘神である。胎蔵界曼荼羅に描かれているもの、『十巻抄』(嘉禄二 一二二六年作)に収められている画像も、ともにほとんど同様に六臂の中の二手は背後に象皮をマントのように掲げ、首には毒蛇をもってどくろを貫く瓔珞をかけ、一手は羊の角を握り、他の一手は餓鬼のもとどりをつかんで下げている恐るべき神である。

ところが、義浄がインドにわたった頃には、趣を一変して、戦闘神から、食厨を守る神となり、金嚢を携えた姿になっていた。

インドにおいても本来の三面六臂の摩訶迦羅像とは異なる像を彫刻して、もっぱら食厨の神として祀るようになったのは、新案だと思われる。この新案の大黒天像は、その後、中国に伝わり、最澄、円仁、円珍らの入唐求法の天台宗の高僧などによってわが国に伝えられ、比叡山の衆徒を養う食厨の神として祀られたのがもとで、おもに天台宗の寺に安置されるようになった。

大黒天は我が国に輸入されて、大国主命と習合した。当初、天台宗とともに輸入されたと思われるこの大黒天の像は、もっぱら食厨の神として信仰されたが、必ずしも大国主命と習合されたわけではなかった。『南海寄帰内法伝』に記されているままの姿だった。

だが、この像は、大国主命に習合した負袋式像の流行に圧倒されて、世の中にそれほど流行しなかった。比叡山においても、のちには負袋式の像を祀ることになり、南海寄帰内法伝式のものは、ごく一部の天台宗の寺院にのみ安置されるのにとどまった。

寄帰伝式の神像と全く異なり、背中に袋を負って立っているものが、一般によく見られる大黒天像である。

負袋式の最も古い形式のものは、福岡県福岡市の観世音寺に安置されている一七一センチの国宝の立像である。平安時代の制作といわれている。後世の大黒天像は矮体短身だが、この像は、七等身ぐらいの長身で、すその短い筒袖の衣を着ており、両肩から背中にかけて、布を羽織って、胸の上に結んでいる。

腰には短い下袴をはいている。細い帯を前に結んで、その端を前に長くたらし、頭には中央

観世音寺の大黒天

大神神社の大国主命

を絞った形の古風な烏帽子を戴き、頭髪は火炎状。足には靴をはいており、右手を腰にあてて、左手で大袋の口をつかんでいる。

この袋は、背後に垂れて臀部に至っている。伏荷葉の台座のうえに立っている。握った右手の拳は親指を外側において、何かを持っていたと思われる小さな穴がある。衣服はもともと彩色を施してあったらしく、ところどころに着色した跡が見られる。表情は厳しく、後世の大黒天の笑い顔とまったく異なっている。この種の像は、中国にもインドにもない。まったく、我が国の新案である。

また、大神（おおみわ）神社の宝物収蔵庫にも平安時代につくられた大国主命が安置されているが、この像も背中に大きな袋を背負っているところ、厳しい表情をしているところなどは、観世音寺の大黒天と同じである。

日蓮が盛んに礼讃した三面大黒天

今回の調査では、東北から四国まで三五ヵ所、三面大黒天を祀っている寺社を訪れた。天台宗の寺院の六寺に次いで多かったのが日蓮宗の寺院で、五寺に見られた。公開していない寺院まで含めると、日蓮宗の三面大黒天はさらに多くなると思われる。

日蓮（一二二二〜一二八二）は比叡山で修行したが、その時、比叡山で祀られている三面大黒天に接する機会があったと思われる。尊天の伝説と霊験を知り、大きな影響を受けたのではないだろうか。篤く信仰して、大黒天に関する論述を残したほか、日蓮自作の木・画像も伝えられている。

『鋸屑譚（おがくずばなし）』「日蓮上人三面大黒天讃文」の中に「甲子の日毎に生黒豆百粒を以て然るべし。是（これ）秘中の秘」とある。同書は、宝永六年（一七〇九）に伊勢国安濃郡八町（津市八町三丁目）の医家に生まれた谷川士清が『日本書紀』研究の段階でメモした言葉の語源を随筆的に記したものである。谷川は、六六歳で没したが、本居宣長とともに伊勢国の生んだ国学者である。

また、大坂の医師寺島良安によって、正徳二年（一七一二）頃、『和漢三才図会』という絵入り百科が編纂された。この中にも日蓮上人について『鋸屑譚』とほぼ同様の内容が記されている。

日蓮が大黒天について書いた文書には、『大黒天神相伝肝文（かんもん）』『大黒相承』『大黒灌頂口伝抄』『大黒天神御書』『大黒供養事』『大黒行水事』『大黒天神供養相承事』などがあると伝えられてきたが、近年の研究では、『大黒天神供養相承事』以外は偽書ではないかといわれている。同書は、近年になって発見された真蹟として『高祖遺文録』に初めて載せられたもので、正本は越後国出雲崎妙福寺にあったものが、京都の本圀寺（ほんこくじ）に移されたという。

『大黒天神供養相承事』に次のようなことが記されているという。

大黒天神供養相承事

得世間楽及涅槃楽貧窮衆生与福力病衆生与良薬無智者成智者短命者成長命悪心者成善心。

一　於我朝大黒天神出現の初を申せば、仁王五十代桓武天皇の御宇に、伝教大師叡山坂本に於て対談候なり。色黒く、長短く、形円にして目細く、額にふりし黒き烏帽子をかぶり、後に袋をかつぎ、手に槌を持て同行なく只一人。伝教大師是に行逢給て、汝誰人ぞと問給。我大黒天神なりと云て、貧衆生に福を為与出現すと答。色黒きは如何と問給。無明即法性深理の表示と答ふ。長短く形円成は如何と問。是即万法円備を顕すなりと答。老体如何と問。久遠正覚、歳長て世間相常住を顕すなりと答。独眷属無之如何と問。唯我一人能為救護との答なり。目細く笑顔成は如何と問給。慈眼視衆生の心なりと答。偖て後の袋如何と問給。福聚海無量と答。偖て本地如何と問。皆令離苦得安穏楽と答。偖て叡山へ同心有勧請。

伝教大師貴辺一日に如何程人を学と問。一日に一万人学す、日本には毎日一千人可学答。其時伝教大師曰、日に合て三千人宛可学と云大願あり。其時大黒天神曰、然ば我三千人の養育を可請取なりと答。故に尤三塔に各一尊宛大黒天神を祷、三処に勧請し、日に三千人の学の衆生に福を与給。大黒天神の尊形と云者是別事に非。普門品の慈眼視衆生福聚海無量と可得意なり。仍て忝も本地久遠釈迦如来是なり。深き相伝習如此。可秘云云。右此旨守、大黒天神信者現世安穏福祐自在来世成仏得脱無疑。縦毎月毎日信事難成者、六斉甲子供物調可有御祭祀者也。是秘中の秘なり。

文永元年太歳甲子九月十七日　　日蓮　花押

兵衛志殿　　御返事

右文書の意味を次に掲げる。

（当史料は小田原、蓮船寺提供）

世間の楽と涅槃の楽を得て、貧しい者には福を与え、病める者には良薬を与え、無知の者は智者にし、短命の者は長命となし、悪心の者は善心とする。我が国において大黒天出現の初めは、第五〇代桓武天皇の御代に、伝教大師が叡山の坂本において一人の人に会った。

色は黒く長は短く、形は丸くて目は細く、額には古びた黒い烏帽子をかぶり、背には袋を負い、手には槌を持って、同行もなくただ一人である。伝教大師が「あなたは誰ですか」と尋ねると、その人は「我は大黒天神である。貧しい者に福を与えるために出現したのである」と答えた。

「色の黒いのはなぜですか」と問うと「これは無明がそのまま真理の相であるという道理を示したものである」

「長が短く、形の丸いのはなぜですか」と尋ねると「これは万法がことごとく備わっていることを示したものである」と答えた。

「老体であるのはなぜですか」と尋ねると「これは久遠の昔に正覚（悟り）を得て齢たけたもので、したがって世間の相がそのまま常住であることを示したものである」と答えた。

「一人で眷属を連れないのはなぜですか」と尋ねると「我一人が衆生を救い護るものである」と答えた。

「目の細くて笑顔なのはなぜですか」と尋ねると「これはいつくしみの眼で、衆生を見るという心を示したものである」と答えた。

「さて背に負う袋はなぜですか」と尋ねると「福の相まっていることは、海のように無量である」と答えた。

「それならば本地（ほんじ）は何ですか」と尋ねると「衆生に苦を離れ、安楽を得させるものである」と答えた。ついに伝教大師はその徳に感じて、叡山へ勧請されたのである。

ある時、伝教大師が「あなたは一日にどれほどの人に学問させることができますか」と尋ねると「一万人を学ばせることができるが、日本では毎日一千人ずつ学ばせよう」と答えた。

その時、伝教大師は「一日に三千人ずつ学ばせて欲しいのです」と望んだので、大黒天神はその願いを聞き入れて、毎日三千人の養育を引き受けられた。それゆえ、叡山の東塔・西塔・横川の三塔に一体ずつの大黒天を勧請して、毎日三千人ずつの学生（がくしょう）に福を与えられることになったのである。

大黒天神の尊体はほかでもない、法華経普門品（ふもんぼん）に「いつくしみの眼で、衆生を見て、その苦を救い楽を与える。福の余っていることは、海のように無量である」とあるのがそれで、かたじけなくも、その本地は久遠の釈迦如来である。このように、秘密で深い相伝のあることである。

その心得で大黒天神を信じる者は、この世は安穏で福を得ること限りなく、未来の成仏は疑いない。たとえ毎月毎日、信じることはできないとしても、八日、一四日、一五日、二三日、二九日、三〇日の六斎や甲子の日には供物をそなえて御祀りあるべきである。これは秘密の中の秘密の相伝である。

日蓮と大黒天信仰

この書から、最澄が三面大黒天を感得したことを日蓮が知っていたことが分かる。

送状

大黒供養料慥給候畢。

安置丑杏方念比仁開眼志供養志加持伊多志奉送候曽。如別注毎年供養勧請勢志免給江少毛懈怠志給事那賀礼。惣志天波大黒経仁仏委説給那利。

大黒天仁二人阿里。一仁波貧人仁財宝於与流。是波世間愛敬須流大黒天多利。二仁波中道無上宝珠於持佐留者爾珍宝於与給。是波出世乃大黒也。又和大去垢天神土毛書奈里。五道六道仁輪廻須流一切衆生波無明煩悩乃垢阿留故也。今教主大覚世尊能大福人乃大去垢仁奉値忽仁身常臭処垢穢不浄乃垢於脱礼天目出果報於得也。佐礼波龍女波女身垢穢非是法器乃畜生身也登舎利弗波難勢志加土毛、釈迦仏程乃大去垢仁値進勢天、無垢世界能大楽於受得勢志也。

根本伝教大師叡山於建立志天大黒天於供養安置志給天三千人乃衆徒於波養給事是又大黒天乃一念与利於古礼里。一念三千乃法門土毛沙汰志候也。佐礼波中道熾盛光法登天二乃相伝有之。天台宗乃秘奥能法門相伝也。依之慈覚大師波弁財天女於用給伝教大師波大黒天於信用志給。師弟不同也土伊恵土毛其内証同之。

爰仁貴辺法華経題目乃行者登中勢土毛貧窮無極也。又依過去謗法罪歟。然間日蓮興一作奉造立大黒天童令付嘱畢。法華経云如貧得宝。第二云無上宝聚不求自得。伝教云讃者積福於安明。妙楽云有供養者福過十号。陀羅尼品云受持法華名者福不可量。奉持法華経者於波大黒天神授福祐給事不可有疑者也。

但日蓮自作乃大黒仁志天福分於阿多恵波也土波於保衛土毛法華経乃信心名聞仁阿里或波世間乃財宝於面土志天広宣流布乃志那久波利生不可有之。此事能能案給。法華経乃外仁波大黒那之。題目乃行者大黒那流也。貴辺豈非大黒乎。幸甚幸甚。天台云名詮自性云云。又云名召体云云。富木殿土大黒土法華経登日蓮土於謗世波争可有福分候耶。所詮昔乃大黒土者今波日蓮是也。別楽与貴辺。惣而日蓮門人等豈不蒙福智乎。信心強盛仁志天毎年十一月子日正月子日奉讃歎供養給江。経云於恐畏世能須臾説一切天人皆応供養云云。委波如大黒供養勧請。敢而不可及他見。

可秘可秘。

三月十三日　　日蓮　　花押

富木殿江

（当史料は小田原、蓮船寺提供）

右文書の「大黒供養料」というのは、大黒天を供養するために寄進した金品のことである。弘長元年（一二六一）、富木氏に宛てた手紙である。本遺文が送られた富木常忍も大黒天を信仰していたことがうかがえる。富木氏は大黒天の造立を発願したが、日蓮がこれを開眼して富木氏に送り返したときにつけた送り状であるといわれる。

この書に「一念三千」という言葉がある。これは、『摩訶止観』などに説かれる天台宗の重要な教義である。凡夫が日常に起こす迷いの一思いのうちに、宇宙のあらゆる事象が具わっているという意味である。日蓮宗では、天台宗の一念三千の説は、単に理具（りぐ）だけを語るものであり、たとえ理具を説いても、単に九界に具（そな）わる仏界のみにすぎず、いまだ仏界の三千の意義を表していないとして、これらの一念が所在する自己の身をもって直ちに三千とする、と考える。

日蓮宗における釈迦と大黒天

真間釈迦仏供養逐状　文永七年（一二七〇）九月二六日）

釈迦仏造立の御事。無始曠劫よりいまだ顕れましまさぬ己身の一念三千の仏、造り顕しましますか。はせまいりてをがみまいらせ候わばや。欲令衆生。開仏知見〔衆生をして仏知見を開かしめ〕 乃至 然我実成仏已来〔然るに〈善男子〉我実に成仏してより已来〕は是也。但し仏の御開眼の御事は、いそぎいそぎ伊よ房（伊与房）をもてはたしまいらせさせ給ひ候へ。法華経一部、御仏の御六根によみ入れまいらせて、生身の教主釈尊になしまいらせて、かへりて迎ひ入れまいらせさせ給へ。自身並びに子にあらずばいかんがと存じ候。

御所領の堂の事等は、大身阿闍梨がききて候。かへすがへすをがみ結縁しまいらせ候べし。いつぞや大黒を供養して候ひし其の後より世間なげかずしておはするか。此の度は大海のしほの満つるがごとく、月の満ずるが如く、福きたり命ながく、後生は霊山とおぼしめせ。

九月二十六日 日蓮 花押

進上 富木殿御返事

右の文書の意味は次に記す。

この書は、文永七年九月二六日、聖寿四九、富木(とき)氏が真間弘法寺(まなぐほうじ)の本尊、釈迦仏を造られたことについて、贈られたものである。

――釈迦仏の御像を御造立のことは、限りない遠い昔から、まだ現れたことのない我が心の

「一念三千」の仏を造り現したのである。急いで参って、拝みたいと思っている。法華経に「人々に仏の悟りを開かせよう」と説かれ、また「我が身は実に久遠の昔に成仏している」と説かれているのは、このことである。ただし、急いで伊予房日頂に御開眼をさせ、法華経一部を仏像の身体に、読み込ませて、生きた釈迦仏としてお迎えなさい。

それには御自身か御子でなければ、どうかと思われる。御所領内の堂のことは、大身阿闍梨が承知している。いつぞや大黒天を祀られてから、世の中の煩いもなくなったとか。今度の功徳は、それにも増して、大海の潮が差してくるように、月が満ちてくるように、福は来、命は長く、後生には霊山浄土は疑いない。

右文書から分かるのは、日蓮が大黒天の本地が釈迦であると説いていることである。日蓮の大黒天に対する信仰はそれほど深いものではなかったとする説もあるが、文書を見る限り、日蓮の大黒天信仰は真摯なものであったと考えられる。

室町時代になると、それまで寺院で信仰されていた大黒天が、庶民にも受け入れられて普及していった。それに伴い、日蓮親作という木・画像が諸方から現れて、日蓮宗内で大黒信仰の流行をもたらした。そして、鬼子母神、十女、三十番神、七面天女などとともに曼荼羅中勧請の一つとなって、本堂須弥壇中央に位置を占めるようになった。

日蓮は「大黒天と鬼子母神は、僧によって最も深く崇敬されなければならない」としていたからか、日蓮宗では大黒天と鬼子母神の信仰が重要視されている。七世紀のインドではこの二神、つまり、インド名「マハーカーラ」と「ハーリーティー」が夫婦であると考えられていたが、そのことを日蓮が知っていたのではないだろうか。

日蓮宗の寺院に三面大黒天が多いのは、決して偶然ではないと思われる。

真言宗の対抗

真言宗は三面大黒天に対抗して、「夜叉神摩多羅神（やしゃじんまたらじん）」というものを作った。江戸時代の松崎復という人が『稲荷神社考』を著した。そのなかで守覚法親王（しゅかくほっしんのう）の『拾要集』についてこう記している。

「真言宗の大本山教王護国寺、つまり東寺に奇神がある。夜叉神摩多羅神と名づけられており、これを所持する人には吉凶を告げる。この神の姿は三面六臂、三天一体の尊像で、中面は金色の聖天、左面は白色の荼吉尼天、右面は赤色の弁才天。これは東寺の守護神で、稲荷明神の使者であるといわれている」

この三面聖天こと夜叉神摩多羅神は東寺だけのものであり、他の寺院では類がない。三面聖天は人気がなかったらしく、全くはやらなかった。現在、その存在を認められる寺社はない。

摩多羅神は天台宗でも祀ったといわれているが、三面聖天と全く異なる姿をしている。一面二臂で、人間と同じ形で、頭に唐風の冠をかぶり、日本風の狩衣を着て、左手に鼓（つづみ）を持ち、右手でこれを打つ様になっており、壇上に腰を掛けている。この神の左右には二人の童子が並んで立っている。

また、真言宗では弘法大師が作ったと伝えられている三面大黒天が全国にある。代表的なのは、徳島県の焼山寺などである。さらには、真言宗の寺院で三面大黒天を祀っているところも少なくない。

今回の調査では真言宗の三面大黒天が最も多く、八つの寺院で見られた。

天台宗や真言宗で、こぞって三面大黒天が作られたのは、それだけ三面大黒天の人気があったからではないだろうか。

また、比叡山には三面二臂の大黒天もあったことが『聖宝蔵神経』に記されている。

天台宗の三面大黒天に対抗して、真言宗が摩多羅神あるいは三面聖天と呼ばれる三神合体像を作ったという説もあるが、これはどうやら逆で、三面聖天の方が先のようである。

守覚法親王（一一五〇～一二〇二）は、一一七九年に前述の三面聖天について文書を記しているのに対し、三面大黒天についての最古の記録は、室町時代後期に書かれた卜部兼満（うらべかねみつ）の『神祇拾遺』（一五二五年頃成立）である。

日本式三面大黒天の成立は、一四世紀以降なので、東寺の摩多羅神もしくは三面聖天をモデルにした可能性すらある。

また、古代日本では、吉祥天の信仰が盛んだったが、平安時代後期あたりから、弁才天信仰にとってかわられたことを考えると、弁才天が福神として三面大黒天に組み入れられたのも室町時代頃ではないかと思われる。

合体神は日本独自のものか？

合体神は、日本で考案された新様式の神像ではない。

まず、中央アジアから。タジキスタン、ペンジケント出土の壁画断片で、一六八×一九七センチメートルの遺品がエルミタージュ美術館に収蔵されている。シヴァ神＝大自在天の顔の左右に、男神と女神の顔が配されている。八世紀初頭の作である。

新疆(しんきょう)ウイグル自治区バラワステ出土の壁画断片で、高さ五五センチメートルの遺品が、ニューデリー国立博物館に収蔵されている。七世紀頃の作で、シヴァ神＝大自在天は頭上に髑髏の飾りをつけて座っている。左右に、男神と女神の顔が配されている。中国・新疆ウイグル自治区の西部、ホータン地方のダンダン・ウイリク遺跡で発見された板絵に六世紀ごろに描かれた三面四臂の神像があることが報告されている。

この神は二頭の牛の上に乗り、中央に天王面、左に夜叉面、右に天女面を配した座像として描かれている。これは、シヴァ神＝大自在天を表したもので、唐代の般若力訳『迦楼羅王(かるらおう)及諸天密言経』にも記述があるという。三三×二〇・二センチメートル。ロンドンの大英博物館に

三面シヴァ

収蔵されている。

また、ヒンズー教でも「ヴァイシュノーデーヴィー」と呼ばれる全く異なる神の合体がある。この女神は、シヴァ神の妃ドゥルガー、ヴィシュヌ神の妃ラクシュミー、ブラフマー神の妃サラスヴァティーが合体した姿で、三面六臂である。この女神は、カシミールのジャンムー市郊外の山中にある寺院に祀られている。

さらに、ターラカという魔神が、人々ばかりでなく、神々をも苦しめるようになったとき、シヴァ神はヒマラヤの山の女神パールヴァティと合体して、アルダナーリーシュヴァラという合体神になり、ターラカを倒したと伝えられている。

「ハリハラ」という合体神もある。ハリはヴィシュヌ、ハラはシヴァを指し、ハリハラはこの二神が一体となった姿である。神像では、左側がヴィシュヌ、右側がシヴァが普通である。この姿は、ヴィシュヌ派とシヴァ派の信仰・儀礼が結合して成立した。これは、乳海攪拌神話に基づいている。神々とアスラたちが協力して大海を攪拌した時、ヴィシュヌは美しく魅力的な女神モーヒーニーに姿を変えた。シヴァはこの女神に一目ぼれして、彼女を抱いた。その結果、生まれた子がハリハラであるという。

ムンバイ沖のエレファンタ島の石窟寺院にある三面シヴァは、「三神一体」思想により、それまで、ブラフマー、ヴィシュヌ、シヴァの三神が一体になったものと考えられてきたが、最近では、中央が微笑して瞑想するシヴァ、右面が忿怒相のシヴァ、左面がシヴァの妃ウマーで

三神一体（ブラフマー、ヴィシュヌ、シヴァ）

あるとする説が有力である。

エレファンタ島は、近世にポルトガル人に支配されていた。ヒンズー教を嫌うポルトガル人により、同島の石像は徹底的に破壊された。ところが、キリスト教には「三位一体」思想があったため、三面シヴァは破壊から免れたという史実がある。

この三面シヴァは、胸部から頭頂まで彫られている。その高さは、約五・五メートル。地面からまさに立ち上がろうとする姿は迫力がある。

ところで、比叡山大黒堂に安置されている日本型三面大黒天は、中央が大黒天、右側に毘沙門天、左側に弁才天を配している。左側に女神・弁才天を配しているのは、エレファンタの三面シヴァと同じである。しかも、このシヴァは左の手のひらに宝珠を載せているが、これも、比叡山の三面大黒天と同じである。

このように、共通性が多いのは、単なる偶然の一致だろうか。

ヒンズー教における「三神一体」思想

ヒンズー教の世界には「三神一体」あるいは「トリムールティ」という思想がある。トリムールティとは、直訳すれば「三つ（トリ）の形態、あるいは姿（ムールティ）」の意味である。ブラフマー・ヴィシュヌ・シヴァの三神は本来一体であるが、三つの姿で現れるというのである。このように神々を融和させることは、ヒンズー教が異なる宗派に対して、排除ではなく許容する態度をとったことを示している。

この三神一体説は、キリスト教の「三位一体説」と比較されることがある。三位一体というのは、イエスが人か神かという問いに発して、父なる神と子イエスと聖霊が神性において等しいとする説（trinity）である。

この三位一体とは異なり、トリムールティ説の三神の位置づけは流動的で、シヴァ派の人にとってはシヴァが主であり、ヴィシュヌ派の人にとってはヴィシュヌが主というように、場合によって変化する。

三神それぞれに役割が分けられる。ブラフマーは宇宙の創造、ヴィシュヌは維持、シヴァは宇宙の破壊を司るとされる。

トリムールティ説の初期のものは、古代ウパニシャッドの中でも後期に属する『マイトリ・ウパニシャッド』に現れる。

ブラフマーはラジャス（情熱の特性、激質）の体現者、シヴァはタマス（暗黒の特性）の体現者、ヴィシュヌはサットヴァ（純質、慈悲と善の特性）の体現者であって、それによって世界を維持するともいわれる。

また、聖音「オーム」がａ　ｕ　ｍの三音からなることから、ａにブラフマー、ｕにシヴァ、ｍにヴィシュヌを対応させている。古代ウパニシャッドの後期には、すでにトリムールティの観念が成立していたのだろう。

西暦四〇〇年前後、サンスクリット文化の花開いたグプタ朝の繁栄のもとに活躍した、サンスクリット文学最大の詩人カーリダーサは、『クマーラ・サンバヴァ』で、トリムールティを美しく歌いあげた。

ヒンズー教では次々と神が誕生したので、多くの神が崇敬された。神秘的な統一性を図るため、それぞれ異なる神でも本質的には同じ神であるという思想が誕生した。ブラフマー神、ヴィシュヌ神、シヴァ神という三人の姿で現れていると同時に、一つの神の姿が三つの実体を持っているという思想である。この思想は五世紀には成立し、トリムールティ説が広く知れわたっていたことがうかがわれる。

インドのエローラ第一六窟と第一七窟には、三面のシヴァの浮彫がある。中央の面は柔和な相をしている。向かって右側の顔は目をむき、口を大きく開けて牙をむき、忿怒の相をしている。向かって左側の顔は、わずかに目尻をつり上げ、口を堅く閉じている。

また、三神一体思想に基づき作られた三面六臂のシヴァ、ブラフマー、ヴィシュヌの合体神も現存する。

室町時代の庶民に受け入れられた三面大黒天

従来、寺院にのみ祀られていた三面大黒天が、鎌倉時代から室町時代にわたって、人々に篤い信仰をもたらした。特に比叡山の三面大黒天が京都を中心として大流行した。

従来、怖い顔をしていたはずの三面大黒天も、いつしか柔和な親しみやすい面相、あるいは普通の表情に変わってきている。荷葉すなわち蓮の葉の上に立っていた木像も、俵の上に載せられるようになってきた。

ではなぜ、この時期に三面大黒天が流行したのか。

この時代、偶像頒布が盛んに行われた。人々が守り本尊を持つという習慣は古代からあり、そのころは道祖神の像を携帯していた。鎌倉時代から室町時代にかけて、諸寺社で神像を作って信者に頒布する習慣が広まり、これを受けた者は、自宅の神棚に神像を安置して、朝夕祈願した。

これは遠方にある寺社に日参する労を省く方法だった。このようなとき、比叡山の三面大黒天が大いに流行して、その像が各家の神棚に祀られた。

また、庶民の娯楽として「狂言」があった。そのなかに三面大黒天について語る場面がある。左にその一部を記す。

「抑比叡山延暦寺は、伝教大師、桓武天皇と御心をひとつにして、延暦年中に開闢し給ふ。さあるに依りて寺号を延暦寺と号す。されば一念三千の衆徒を置き、仏法今に繁昌たり。そのとき伝教大師、これほどの山に守護神なくてはかなふまじとて、一日に三千人を守り給ふ天部をと祈誓し給ふ所に、この大黒出現す。開山、いいや、大黒は一日に千人をこそ

多賀大社の狂言面

扶持し給へ、この山には三千の衆徒あれば、大黒天はいかがとある。その時、大黒天大きに怒りて、いでさらば三千人を守る奇特を見せんとて、たちまち三面六臂と現れければ、開山喜悦の思いをなし、それより比叡山無動寺の三面の大黒天といはれ、今において仏法繁昌に守るなり」

このように、室町時代には三面大黒天の存在は、庶民層まで広く知られるようになった。大黒天信仰が盛んになった室町時代は、比叡山の各院の食厨に大黒天像が祀られ、修行僧たちの生活を維持してくれる神として崇敬された。このような信仰や思想が比叡山から京都の人々に受け入れられて、三面大黒天はやがて全国各地に広まっていったと思われる。

豊臣秀吉と三面大黒天の奇妙な関係

三面大黒天は、室町時代から戦国時代にも流行した。武家が信仰したからである。大黒天、毘沙門天、弁才天の三天はいずれも福の神だが、戦闘神でもあるからである。そのため、武士が念持仏として所有している例が多い。紀州の徳川家や二代将軍秀忠が所有したと伝えられている三面大黒天も現存する。

三面大黒天を信仰した武士として最も有名なのは、豊臣秀吉である。豊臣秀吉が守り本尊としていた三面大黒天は、現在、京都の圓徳院に安置されている。

まずは、豊臣秀吉がどのようにして、天下をとったのか、概観したい。

豊臣秀吉（天文六〜慶長三　一五三七〜一五九八）は、安土桃山時代の武将である。尾張国愛知郡中村の百姓弥右衛門の子で、弥右衛門は織田信秀の鉄砲足軽をつとめ、木下という苗字をもっていたとするが、最近の研究では自小作農とする説が有力である。貧しい百姓の息子として生まれ、若い頃には山で薪を刈り、それを売って生計をたて、極貧の際には古い蓆以外に身をおおうものがなかったという。

『太閤素生記』によると、秀吉は天文二〇年（一五五一）、亡父弥右衛門の遺産として永楽銭一貫文をもらって清洲に出、そこで木綿針を買ってそれを売りながら東海道を東へ下っていったという。

『絵本太閤記』によると、三河国矢作川の橋の上で野武士の頭領蜂須賀小六に出会って仕えるようになったとしているが、実際に秀吉が武家奉公をした最初は、遠江の頭陀寺城主、松下加兵衛之綱である。

のち秀吉は松下加兵衛のもとを辞任し、天文二三年（一五五四）には織田信長の小者として仕えることになった。小者から小者頭へ、さらに足軽にとりたてられ、永禄四年（一五六一）にはお禰（のちの北政所）と結婚し、足軽組頭・足軽大将と出世していった。

信長家臣として頭角を現してきたのは永禄七年（一五六四）で、美濃の斎藤方部将の誘降工作に抜群の働きをし、ついで墨俣一夜城の築城を完成させ、その功によって墨俣城をまかされた。

永禄一〇年（一五六七）の美濃稲葉山城攻めにも勲功を現し、翌年、信長が足利義昭を擁して上洛に成功すると、京都奉行に抜擢されている。天正元年（一五七三）浅井氏滅亡後、浅井氏の旧領近江国東浅井・伊香・坂田の三郡を与えられ、新しく長浜に城を築いた。苗字を木下から羽柴に代えたのもそのころである。

長浜城主時代の秀吉は一二万石の織田大名にふさわしい陣容を整えるため、家臣団の充実をはかった。譜代家臣というものをもたない秀吉が直臣団として構成したのは、このときの長浜城主時代に近江において編成したのである。

五奉行のうち石田三成・増田長盛・長束正家の三人はいずれも近江の出身で、秀吉家臣団のなかには近江出身のいわゆる近江衆がかなりの比重を占めている。信長が毛利氏と戦う段階になってからは、秀吉は中国方面軍司令官としての役割を負い、天正五年（一五七七）から播磨姫路城を根拠地として、毛利方との戦いが始められた。

その間、三木城の別所長治攻め、鳥取城の吉川経家攻めを成功させている。ところが天正一〇年（一五八二）の備中高松城攻めの最中、本能寺の変の悲報がもたらされ、喪を秘したまま毛利氏と講和を結ぶことに成功した。

山崎の戦いで明智光秀を破った秀吉は、信長の重臣たちのなかでリードする形となり、遺領分配・後継者決定のための清洲会議においても信忠の子三法師をたて、信孝を推す柴田勝家とは対立していった。天正一一年（一五八三）、柴田勝家を賤ケ岳の戦いで破り、信長の後継者としての地位を不動のものとした。

小牧・長久手の戦いでは織田信雄および徳川家康と対立したが、講和を結ぶことに成功。やがて関白となり、さらに太政大臣となった。太政大臣に任ぜられたとき、豊臣の姓も賜わっており、天正一四年（一五八六）からは豊臣秀吉となった。翌年、九州征伐で島津氏を降服させ、天正一八年（一五九〇）には小田原の後北条氏を滅ぼし、秀吉の天下統一はほぼ完成をみた。

江戸時代後期の秀吉ブーム

『武将感状記』は、正徳六年（享保元年　一七一六）の刊行で、著者は熊沢猪太郎である。この中に、「秀吉、大黒天を切り割る」という話が紹介されている。その内容を次に記す。

天正一〇年（一五八二）六月二日、明智日向守光秀は、京都の本能寺で織田信長を攻め殺した。備中の高松でこの知らせを聞いた豊臣秀吉は、合戦相手の毛利氏と即座に講和。播州（兵庫県）の姫路へ帰って、一日だけ将兵や軍馬を休養させると、翌日は早速、光秀を討伐すべく、京都へ向かったが、途中に川があって、その川を渡るとき、木彫りの仏像が川上から流れてきた。馬丁がその木仏を拾ったのを見て、秀吉が尋ねた。

「どんな仏だ」

「大黒天でございます」

「こちらへよこせ」

秀吉は馬丁の手から、その大黒天像を受け取ったと見る間に、鞍の前輪に押しあてて、短刀を抜いて、まっ二つに切り割った。そして、次のように言った。

「大黒天は千人を恵む仏だそうだ。たった千人を。大事な門出に、こんなものを拾っては、縁起が悪い」

秀吉は既にこのとき、天下を取る野心のあったことが、この言葉からも推測することができる。

一六世紀には、無学な秀吉ですら『大黒天神法』の「大黒天は千人を養う」という話を知っていたのではないかと思われる文書である。

秀吉の没後二〇〇年を迎えた寛政九年（一七九七）『絵本太閤記』が登場した。作者は竹内確斎、挿絵は岡田玉山である。

『絵本太閤記』初編巻之二に、次のように記されている。

松下之綱は、富士川の合戦に、藤吉郎比類なき働きを成しければ、いよいよ重く用ひける。之綱元来藤吉が大志あるをよく知れば、去て他家に仕へん事を恐れ、同じ家人に川村

治右衛門が娘きく女といへるを藤吉に娶せ、永く己が家に留めんとす。彼きく生質容儀うるわしく、藤吉がかたち醜きを嫌へども、主命もだしがたく、ついに夫婦となりけれど、鬱々として楽しまず。或時加兵衛（之綱のこと）藤吉を召して、「今尾州織田信長が家に、桶側にあらざる胴丸とて、右の脇にて合わせ、伸縮自由なる鎧を用ゆるよし、汝が古郷なれば、織田家にたより、此の鎧を調へ来るべし」と、黄金六両を出し、鎧の料にあて与ふ。藤吉委細令承し、退いて妻に別れを告げる。此の妻よき折なりと思ひければ、一先離別せん事を希ふ。藤吉も其の詞に随ひ、離縁の一紙を認め、尚別れの験とて、先年秋葉権現の神前にて拾い得し三面の大黒天を取り出し、妻に与えて曰く、「そもそも此の尊像は弘法大師の御作にて、これを信仰せる者は必ず三千人の司と成るよし申し伝ふ。汝信仰して後の栄を祈るべし」といひければ、妻打ち笑ひ、「さある霊験あらたかなる尊像は、和主信心して立身をも祈り給ふべし。わらはは女の身なり、望みなし」といふ。藤吉、やがて大黒天を手に取り上げ、「我望みはかかる小さき事にあらず、これを所持して更に用なし」と、傍なる石に打ち付ければ、不思議なるかな、此の尊像、一塊の灰を投げたるごとく、微塵に成って飛散たり。此の人天下を掌握すべき祥瑞なりと、後にぞ思ひ合わせたり。

『絵本太閤記』はベストセラーになり、秀吉ブームも巻き起こった。それと並行して、三面大黒天も大きな人気を博した。後に、秀吉の念持仏として作られたのが、京都、圓徳院にある三面大黒天である。

秀吉は、三面大黒天を拝めば三天を同時に拝んだことになるということで、三面大黒天を気に入っていた。秀吉が出世して天下を取れたのは三面大黒天信仰のおかげというよりもむしろ、三面大黒天を選んだという合理性にあるのではないかと思われる。

秀吉が念持仏として選んだのは三面大黒天ではなくて、大随求菩薩(だいずいぐぼさつ)だったという説もある。大随求菩薩の「随求」とは、人々の願いに随うという意味で、それを成就させる菩薩が大随求菩薩である。観音菩薩の化身であるともいわれている。無学な秀吉が同菩薩の御利益を果たして知っていたかどうか、疑問である。そのうえ、秀吉の守り本尊であったとされる大随求菩薩の写真を見ると、厨子の中心に同菩薩、左右に毘沙門天と吉祥天を配している。かなり精緻で美術的にも価値がある作例だ。貧しい秀吉が、これだけの厨子を購入することができたのだろうか。

比叡山は織田信長によって焼打ちされたが、のちに、秀吉が延暦寺を再興する文書が残っている。室町時代に三面大黒天が庶民の間でも信仰されていたことを考えると、秀吉がまだ社会の底辺にいたとき、三面大黒天を信仰していた可能性は大である。

さらには、秀吉にならって、三面大黒天を信仰する武士もいた。代表的なのが、加藤清正である。加藤清正は一三歳の時、三面大黒天を描いており、掛け軸となって圓徳院に保管されている。これらの事実から、秀吉は三面大黒天を信仰していたのではないかと思われる。圓徳院には

加藤清正が描いた三面大黒天の掛け軸

以下の文書が伝えられている。

三面大黒天縁起

　当院に安置し奉る三面大黒天は往昔豊太閤秀吉公天下掌握を祈誓し給ふ所の霊像にして毘沙門天、弁才天と三天合体して三面大黒天と称す其の遠因を尋ぬるに豊公微賤の頃童子の三面大黒天の塑像を弄するを見て請ふて心に念じて曰く我若立身出世して名声を天下に伝する事を思いたち微塵となれ若亦形を全ふせよと云ひて地上に投ずれば即ち微塵となる茲に於いて豊公大に喜び直に仏工に命じて尊像を彫刻せしめて以て常に護念し給い後終に天下を掌握するに至る豊公薨去の後夫人北政所是を護念し給ひ慶長年間高台寺を創立し又伏見桃山城より化粧殿を当院に移し来たりて常に住す政所薨去の砌り大黒天并に化粧殿を兄家定之次子木下利房に賜ふ利房の備中足守に封ぜらるるに及び赴任之砌り邸宅を改めて寺となし圓徳院と号し化粧殿を永興院と名ヶ大黒天を永く当院に於いて奉祀せしむと云ふ

第四章

江戸時代の三面大黒天ブーム

盛んに信仰された江戸時代の三面大黒天

江戸時代になると、ますます三面大黒天は庶民に信仰されるようになり、甲子の日には三面大黒天を祀っている寺社に多くの人々が参拝に訪れるようになる。

現在、日本で信仰されている大黒天のパターンは数十種あるといわれているが、その大部分は日本で考案されて、画師や仏師などのデザインによるものが多い。

わが国では極忿怒相の戦闘神として表現されたものは、一、二点だけで、施福神としてのほうが圧倒的多数である。農耕民族で、もともと日本の庶民は戦いを好まない民族だからと思われる。大黒天信仰の広がりと複雑化につれて、さらに様々な形の大黒天が作られた。その中で、最も著名なものが三面大黒天だが、江戸時代には次から次へと大黒天が創出された。左にそれらを記す。

六大黒天

江戸時代に書かれた『仏像図彙』には、「六大黒」と称する六体の大黒天図が掲げられている。まず、摩訶迦羅大黒、比丘大黒、王子迦羅大黒、夜叉大黒、摩訶迦羅大黒女、信陀大黒の六尊である。最初の摩訶迦羅大黒は通常の袋を背負った姿をしているが、その他は比丘形、宰相形、童子など変化に富む。

六大黒天

1、摩訶迦羅大黒

同大黒は身の丈が低く、色は伽羅木のようで、蓮の葉に乗っているが、米俵を踏んでいるものもある。これが近世における正統の大黒天とされている。同大黒天は大黒女に対して、陽性であるともいわれている。

2、摩訶迦羅大黒女

同大黒天は美貌の天女形をしている。中国の官女姿で、頭上に米俵を載せて両手で支えている。『孔雀明王経』には、大黒天は神通力をもっていろいろな姿に変身すると説かれているので、その場に応じた姿に変じて現れる。

中国風の衣服を身にまとっているのは、中国の女神がこのような服装で表現されたものをそのまま取り入れたからである。インドなど南アジアでは女神を裸形で表しているが、わが国ではそのようなスタイルは採らなかった。

3、王子迦羅大黒

この大黒天は摩訶迦羅大黒天の王子ということになっている。中国風の冠をかぶり、中国風の服を着ており、右手に剣、左手に三鈷（さんこ）を持っている。インド神話や経典にはマハーカーラに子どもがいたという記述はないので、この大黒天も日本で創作されたと思われる。

4、信陀大黒

唐風の少年の服装をしており、慈悲柔和な顔立ちをしている。髪は『古事記』に登場する神

聖衆来迎寺の比丘大黒天

や人のようにみずらに結っている。右手は拳印で、左手には如意宝珠を持つ。「信陀」の意味は不明である。

5、夜叉大黒

中国風の冠と官服を身に着けて、右手に輪宝を持ち、左手は拳印を示す。「夜叉」とは人を害する鬼神のことをいう。『孔雀明王経』によれば、マハーカーラは多くの諸鬼神眷属を率いて死体が散らばる林を飛行遊行するという記述がある。これは夜叉の行為である。ところが、夜叉大黒は優美な青年に描かれており、仏法護持を示す輪宝を持っているので、善神であるはずにもかかわらず、なぜ「夜叉」の名が付けられているかは不明である。

6、比丘大黒

比丘とは出家した僧の意である。僧形、つまり剃髪僧衣で右手に小槌、左手に剣という姿で現されている。

走り大黒天

また、夫婦大黒あるいは走り本大黒というものがある。男女二体になっているもので、奈良春日大社の手水舎にある。

男神はごく一般的な袋を背負った姿だが、女神は米俵を踏んで、左手に杓子のようなものを持って、頭上に桶を載せている。これは大国主命とその妃・須勢理姫命とも伝えられている。

その他、日光中善寺の「走り大黒」と称するものもある。伝説ではねずみとして現れた神を祀ったものであるといわれているが、大黒天とする根拠は明らかではない。

江戸時代にはこのように三面大黒天だけでなく、様々な変わり大黒が数多く案出された。いずれも日本で作り出されている。大黒天の信仰は最初、僧侶によってなされ、時代が下がるにつれて貴族、武士、庶民へと広がっていった。

庶民信仰が盛んになるにつれて、大黒天の原点であるインドのマハーカーラとしての性格はしだいに薄まり、六大黒天の創作に見られるように多くのバリエーションを生んだ。マハーカーラ本来の性格を失うどころか、一八〇度変転して、施福神として初めて認識されたのが三面大黒天であると思われる。

物語に現れた三面大黒天

三面大黒天の信仰が人々の生活の中に深く溶け込むとともに、物語の中にもありがたい福神として登場するようになる。前出『宗祇諸国物語』で、あらすじはこうである。

大和国下市に鼠十郎という裕福な長者がいた。彼の屋敷は広大で、住居は驚くばかりりっぱなものだった。彼がこんなに裕福になったいわれを尋ねると、村の人は次のように聞かせるのだった。

昔、伝教大師が比叡山を開いたとき、三面の福神を三つ彫った。その中の一つが、どうしたわけかこの家に祀られており、この家を守っていた。

鼠十郎の名前も、その神像の眷属にちなんでつけたものだった。彼は正直で、信心深く、いつも早起きしていた。

ある夏の夜明け方のこと、まだ薄暗いのに、いつものように早起きして、門を開き、自ら水をまいたり掃除などをして、涼んでいた。すると、見慣れない男が一人来て、こも包みを一つ庭に投げ入れて、慌ただしく逃げていった。

鼠十郎は、おかしいことだと見ていると、すぐその後から数十人の男が、弓矢、鉾、剣などを手にして現れ、「北へ行ったのだろうか」「いや南へ行っただろう」など、口々にわめきながら四方八方に散っていった。どうしたことだろうと、鼠十郎が顔を出してみたが、霧のなかへすべてが消えていた。

鼠十郎は、その日終日、待っていたが、その後は誰も訪ねてくる者がいない。やむをえず、包みを持って、役人の元へ届け出た。役人が包みを開いてみると、中には黄金の塊が入っていた。

これには何かわけがあるのだろうと思い、役人に預けることにした。盗まれた者の届け出を待って、三年ほども蔵の中にしまっておいたが、届け出て来る者はいない。

ある夜、役人は不思議な夢を見た。一人は色白く耳が大きい笑顔の男だった。もう一人の男は目が大きく、恐ろしい顔つきをしている。もう一人は、美しい女性だった。この異

「北斎漫画」の三面大黒天

様な三人が夢枕に立って、こう言った。

「鼠十郎は、我を信心することに偽りがない。よって七福を眷属に持たせつかわした。邪神の災いを払うために、同じく眷属に武器を持って、道を守らせた。鼠十郎は正直のあまり、これをお前に届けて出た。さらさら盗賊の仕業ではない。速やかに包みを彼に返しなさい」

目を覚ました役人は、驚いて鼠十郎を呼び出し、「お前は常に何か信心しているか?」と尋ねてみた。鼠十郎は家から三面の福神を持ってきて、日頃の信心を話した。役人がこれを見てみると、夢に現れた異様な三人と少しも違っていない。そこで早速、さきのこも包みを鼠十郎に返してやった。

それ以来、鼠十郎はこのように富裕となり、近隣に並ぶ者がいなくなったのである。


また、江戸時代には正月になると、七福神参りが盛んに行われるとともに、三面大黒天も熱心に信仰されるようになった。葛飾北斎（一七六〇～一八四九）は、「北斎漫画」に三面大黒天を描いている。おそらく木彫や陶器の三面大黒天を買うことのできない庶民が、三面大黒天のお札や一枚摺りを入手して信仰したのだろう。さらに江戸時代には、幕府が定めた金貨、銀貨、銭貨のほかに、藩や町村などで紙幣を発行した。商売繁盛の縁起をかつぐため、三面大黒天をデザインした紙幣も登場したという。

三面大黒天はどこで誰によって作られたか？

筆者が調査した三面大黒天のほとんどは、江戸時代に製作されたものである。ここでは、江戸時代の造仏事情を紹介することにより、三面大黒天の製作事情を考察したい。

平安時代中期に活躍した定朝（じょうちょう）、鎌倉時代の仏師・運慶（うんけい）などを輩出するなど、長い伝統のある京都の七条仏所（しちじょうぶっしょ）は、江戸初期には康猶（こうゆう）という人物が棟梁をしていた。

彼は日光東照宮、輪王寺、東叡山寛永寺、増上寺などといった徳川家ゆかりの寺の造仏にもあたっている。七条仏所は幕府あるいは禁中、御三家ゆかりの寺院などに限られており、幕府の御用仏所ともいうべき存在だった。ここの江戸時代の造仏の作風としては、伝統を守りながら、穏やかな雰囲気をたたえている。

仏師は僧侶でなければならないという平安時代以来の伝統は江戸時代にも受け継がれた。ただ、江戸時代には家元制度の名前のように襲名という考えに基づいて、同じ名前を仏師が続いて称しているのが特徴といえるだろう。

京都だけでなく、奈良、鎌倉でも仏師が活躍していた。鎌倉の仏師は、鎌倉周辺だけでなく、武蔵西部や江戸に至るまで、活躍の場を広げていた。そのうち江戸にも仏師が育っていき、関東一円でも造仏に携わるようになっていった。

一方、三面大黒天像の中には、およそ専門家が作ったとは思えない素朴な姿をしている例がいくつか見られるが、おそらくこれらは仏師ではなく、僧侶が製作したのではないだろうか。

江戸時代の前半には、盛んに寺院の大造営が行われたが、後半になると、正統な仏師が絶え、町の仏師の活躍が見られるようになる。この頃には、庶民に経済力がつき、富裕層も現れてきた。彼らは、寺院に仏像を寄進したり、自らも念持仏を祀るための持仏堂をつくったりした。このようなときに、町の仏師に依頼したと思われる。

町の仏師は別名「仏師屋」と呼ばれた。彼らは、江戸、京都、奈良、鎌倉のような大都市だけでなく、大名の城下町、宿場町、村の集落などで、仏像に限らず、仏堂、仏間に置かれる仏具などの製作も引き受けていた。

町仏師には、「小仏師（こぼとけし）」という数センチから、せいぜい三〇センチぐらいの像だけを造る人たちもいた。いくら富裕層といっても、庶民には巨大な仏像など注文する財力はなかった。それで小仏師の造る仏像の需要は多かった。

三面大黒天は一部の例外を除いて、二〇センチから三〇センチのものがほとんどだった。おそらくは、三面大黒天の製作においては、小仏師が活躍する場は多かったのではないだろうか。

また、山形県にある出羽三山神社の宝物館には江戸時代につくられた三面大黒天が安置されている。この三面大黒天は鎌倉時代に流行した玉眼の技法が施されている。水晶を眼球の形にして嵌め込むというものである。全体像も丁寧につくられており、この地方の仏師がかなり高い技術レベルだったことをうかがわせる。

第二部

三面大黒天を祀っている寺社

第一章

東北から四国までの三面大黒天

東北

曹洞宗　喜伝山✲秀林寺

〒981・0931　宮城県仙台市青葉区北山1丁目3・1　☎022・234・3989

慶長六年（一六〇一）、藩祖伊達政宗により仙台城の築城が開始され、その没する寛永一三年（一六三六）まで、三六年間にわたり城下町の整備が同時に行われ、多くの寺が各地より仙台に集められた。北山五山といわれる寺々、輪王寺、秀林寺も例外ではない。

秀林寺はもともと今の泉区松森にあった古寺といわれている。藩祖の意を汲んだ郷士丹野今内が私財を投じて、この地に移築し、寺容を一新し、輪王十三世角外麟恕（りんじょ）大和尚を第一世として勧請し開山したという。

現存する過去帳の記載は寛永四年よりあり、また、檀徒大槻定安は政宗に殉死しているのをみても、寺は寛永十年前よりあったと思われる。庭園の「さつき」は丹野氏の志を多とした二代忠宗により手植えされたものといわれる。

当寺は開山以来一度も火災に遭わないで、現存する本堂は仙台市内最古の木造本堂になっている。

平成八年八月二日、現住三十二世計良浄信により開山角外麟恕大和尚三五〇回忌法要が営ま

秀林寺の三面六臂出世大黒天

秀林寺の御朱印

れた。ただ、移転前の記録は全く残されていない。

三面大黒天

開山の当初より、庫院（寺の台所）に大黒尊天が祀られてあった。当山は火災に遭うことがなく三五〇年間この尊像を祀り奉拝してきた。奥州仙台七福神霊場会の結成と同時に本堂に移され、その尊像は、今、三面六臂出世大黒天の胎内に胎内仏として納められている。

三面とは、向かって右、弁才天、中、大黒天、向かって左、毘沙門天の三天であり、六臂とは六本の御手、弁天は鍵と鎌、大黒天は剣と袋、毘沙門天は如意棒と鉾を持ち、各天それぞれの願心を表している。三天一体の大黒天で、その功力の偉大なことは計り知ることができないといわれ、真実仏法の行者を釈迦の化身となって必ず護るとの願心を持っている。

ご真言「おんまかからやそわか」大黒尊天は宮城観光百選の一つとなっている。

秀林寺の仁王尊

秀林寺のかめさつき

秀林寺の三千大仙門

秀林寺の庭園

秀林寺の本堂

出羽三山神社の御朱印

出羽三山神社の境内

出羽三山神社

〒997・0292　山形県東田川郡羽黒町大字手向字手向7　☎0235・62・2355
（境内にある歴史博物館の中に展示　羽黒町指定文化財）

出羽三山とは、山形県（出羽国）にある月山、羽黒山、湯殿山の三つの山の総称である。月山神社は、天照大神の弟神の月読命を、羽黒山の出羽神社は出羽国の国魂である伊氐波神と倉稲魂命の二神を、湯殿山神社は大山祇命、大己貴命、少彦名命の三神を祀っている。

月山と湯殿山は冬季の参拝が不可能であることから、羽黒山頂に三山の神々を合祀している。また広大な山内には、一〇一末社といわれる社があって、八百万の神々が祀られている。

出羽三山神社は元来、自然崇拝、山岳信仰の古神道に源を発する神社だが、平安時代初期、仏教の影響を受けて、神仏習合時代に入り、明治維新まで、真言宗、天台宗など多くの宗派によって奉仕され、鎌倉時代には「八宗兼学の山」とも称された。悠久の歴史のなかで、幾多の変遷を重ねながら、多様にして限りなく深い信仰を形成し、「東三十三か国総鎮護」として、人々の広く篤い信仰に支えられて現在に至っている。

三面大黒天

高さは約七〇センチ。三面六臂のずんぐりした体形で、狩衣を着し、沓をはき、俵の上に直立する。木像で、二俵の俵上に立ち全高一メートル余の立像。中央に大黒天、右に毘沙門天、

出羽三山神社歴史博物館の
三面大黒天

出羽三山神社奉製
三面大黒天の掛け軸

左に弁才天を配して三面大黒天と称し三面三体合一の珍貴、異形の像である。

右手に小槌、左手には肩にかけた袋の端を握り、右脇手に宝棒を取るが、他の脇手（右一、左二）は持ち物を失っている。頭部三面のうち中央には、口を半ば開いて笑顔を見せる大黒天をあらわし、左（向かって右）に口を閉じてかすかにほほえむ弁才天、右に目を吊り上げて怒りの表情を示す毘沙門天をあらわす。毘沙門天面は額にも縦に一眼を刻むが、この部分の水晶は欠落している。

三体共に宝冠を戴き顔面は黒色玉眼入りで眼光が輝く。黒漆に朱塗をかけてあったが長い年月の間に朱の部分は大部分が剥落してしまった。胸部また所により截金（さいきん）を貼る。この三面大黒天が立つ俵の正面には宝珠三種・高彫がつき古色深い姿である。

寄木造りで、内刳り（うちぐ）を施す。肉身部は黒色。毘沙門天面の冠帯に漆箔の痕跡があるので、他の二面の冠帯も同様であったと思われる。衣は朱で、左袖と腹部に截金文様（文様の種類は不明）を施した痕跡がある。

本像は、『羽州羽黒山中興覚書』によれば、第四九代別当宥俊（一五八〇～一六六一）が建立した三面大黒堂の本尊像だったと考えられ、この本尊像も宥俊が造立したものという。

高圓寺の御朱印

高圓寺の本堂（東面）

関東

日蓮宗　宮久保山＊高圓寺

〒272・0822　千葉県市川市宮久保4丁目5・1　☎047・372・9588

同寺は日蓮宗中山法華経寺（なかやまほけきょうじ）の末寺である。開基したのは、中山法華経第一世日常上人（一二一六～一二九九）で、開山は中山法華経第二世日高上人（一二五七～一三一四）である。徳治二年（一三〇七）に建立された。もともと真言宗だった寺が、改宗されたという説がある。天文年間（一五三二～一五五四）、日護上人によって中興される。平成一二年（二〇〇〇）、新本堂が完成する。

三面大黒天

高圓寺に祀られている三面大黒天は木像、顔が三面、手が六本、体が一体、高さ五〇センチ程の木像で、大黒天、毘沙門天、弁才天の三体が合体されている御尊像である。大黒天は大きな慈悲の心で、一切衆生に福徳を授け、災いを除いて心身共に安らかにしてくれる。

毘沙門天は真理に背く者を切り払い我々の煩悩を打ち払う。弁才天は宇宙に秘められた無尽蔵の宝庫を開き、無限の利益を我々に下さる。

「長寿藤」と呼ばれるみごとな藤の名所として知られている

高圓寺の三面大黒天

本堂の境内に並ぶ七福神

この三面大黒天は明治の頃、東京東両国墨田河畔にあった料亭中村楼秘蔵のものだったが、中村楼が店じまいする時、縁あって角界年寄武隈（大畠）清四郎氏の手に渡った。親方は将来、現在のJR両国駅西側ガード下付近に土地を求め、お堂を建立してお祀りする計画を立て、とりあえず自宅の床の間にお祀りした。

ところが、男のお子さん達が小槌や剣などをオモチャにして遊ぶので、紛失を恐れた親方は、御尊像を階段の下の物入れに隠した。それからしばらくして、おかみさんが病気になり、ついに医者に見放された。

当時、高圓寺に安中院日道法尼（安中ミネ）という霊力の強い方がいた。親方の所に出入りしている職人が、この法尼のことを知っていたので、早速伺いに行ったところ、「尊いものを粗末に扱っている」と言われ、親方にそのことを話したところ、三面大黒天のことだろうと思い、床の間に祀りなおすと、おかみさんの病気が快方に向かった。それを見て恐ろしくなった親方が、高圓寺に奉納したものである。

英信寺の御朱印

英信寺の本堂

浄土宗　紫雲山✻英信寺

〒110・0004　東京都台東区下谷2丁目5・14　☎03・3872・235

当寺は、山号　紫雲山、院号　常倫院、宗派　浄土宗。知恩院第三十二世霊巌上人を開山とし慶長年間（一五九六～一六一四）現在地に草創。当時は紫雲院と称し、草庵に近いものだったという。

明暦二年（一六五六）丹波国亀山城主松平若狭守康信公の子、英信（ふさのぶ）公が二三歳で逝去され遺骸を当寺墓地に葬り、常倫院殿英誉天心宗伯大居士の法号を贈る。英信公の姉（松平市正公の奥方）は、逝去を深く悲しみ嘆かれ、英信公の御木像を造り、当寺に安置（現存）、開基とし寺号を英信寺と改める。その時以来、火災に遭ったが、安永年間（一七七二～一七八〇）現本堂完成、数度の修理改修を施し、安政大地震、関東大震災、戦災等をまぬがれた。だが、雨もりその他老朽甚だしく、昭和四十八年十月大改修落慶。平成六年客殿、庫裡改築、完成。

また、当寺は松平三屋敷の菩提寺として、前記松平家の他に、杵築藩（大分県）主、及び尾島藩（静岡県）〈後に桜井藩（千葉県）〉主の各霊を弔っている。境内にある大灯籠二基は、上野寛永寺の通称お化灯籠を戦後整理の折に当寺に移置、境内中ほどのものは、開基の松平家、山門を入ってすぐのものは杵築の松平家が、八代将軍吉宗公（有徳院殿）が御逝去の折、寛延四年（一七五一）奉献されたものである。

英信寺の三面大黒天

英信寺の絵馬

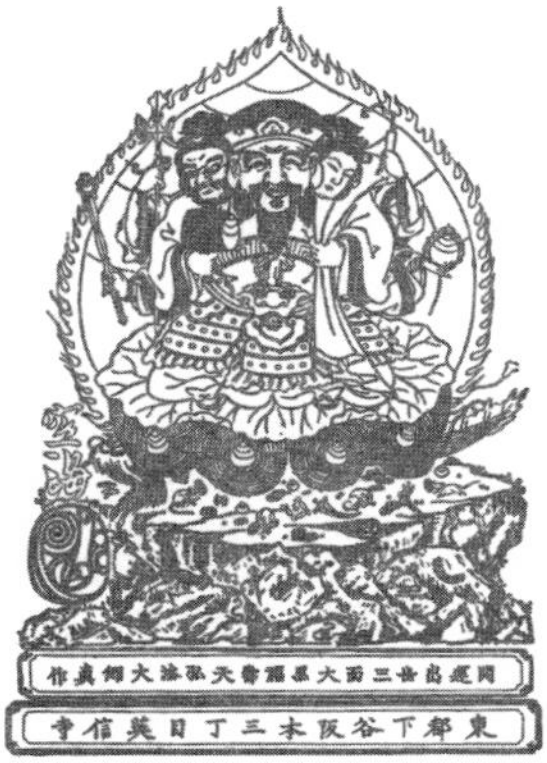

英信寺のお札

三面大黒天

同寺には弘法大師御真作と伝えられる三面大黒天が御本堂左側大黒堂に安置されている。江戸時代から明治にかけて府内各所の講中の参詣でにぎわった。

当寺に慶長年間以来、安置されており、弘法大師御作と伝えられる。三面大黒天尊は福を与え、出世、開運、商売繁昌の御利益がある尊像と伝えられ古来、多数の信徒があったとされている。

とくに、明治一二年二月には、東都、新橋、柳橋などに三面大黒天講ができ、講員数千余、日参の信徒も多く、特に、甲子の縁日には、多数の参詣者で賑わったという。今では下谷七福神の一つに数えられ、正月にはわけても参詣者が多い。

同寺に伝わる三面大黒天は、ほんとうの有福（心の豊かさ）を育ててくださる、あたたかい御尊体で、左に弁才天、右に毘沙門天の三つの顔を持つ。合掌をして「オンマカキャラヤソワカ」と唱えて、心を豊かにしていただき、出世・開運・商売繁昌等の手助けをしていただく。大黒天・弁才天・毘沙門天は仏教の守り神（天）である。

大圓寺の本堂

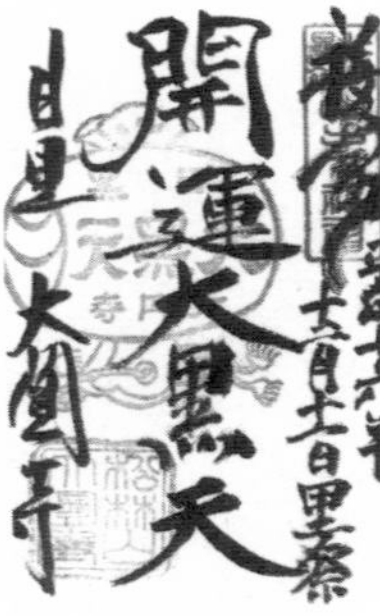

大圓寺の御朱印

天台宗　松林山✻大圓寺

〒153・0064　東京都目黒区下目黒1丁目8・5　☎03・3491・2793

大圓寺は徳川幕府がようやく軌道に乗りはじめた元和年間（一六一五〜二三）頃、奥羽・出羽三山の一つ、湯殿山の修験僧大海法印が、大日如来を奉じて山を下り、目黒の地に祈願道場を開いたのが始まりとされている。

大海法印はたちまち人々の心を捉え、道場は間もなく修験行人派の本山となった。多くの行者が出入りしたところから、大圓寺前の坂道が行人坂と呼ばれるようになったともいわれている。

その後、天台宗延暦寺派（本山・滋賀県比叡山）に属し、将軍秀忠の懐刀といわれた大僧正天海が江戸城の鬼門の守りとして、東叡山寛永寺を創建し、また江戸城裏鬼門鎮護のため、比叡山から伝教大師作と伝えられる大黒天を勧請し、大圓寺に祀った。

大圓寺の大黒天はとくにご利益あらたかで、東叡山・護国院、小石川・伝通院塔中・福聚院の大黒天とともに、江戸の三大黒天として崇め親しまれた。現在、草創ゆかりの大日如来像とともに「秘仏」として釈迦堂に安置されている。今日にいたるまで多くの人々の尊崇を集めている所以である。

江戸中期の明和九年（一七七二）の二月、大圓寺から出火。火は江戸城の一部も焼き、江戸の街のおよそ三分の一を灰にする大火になった。江戸の三大大火と呼ばれている。

大圓寺の三面大黒天

大圓寺の勝軍大黒天
（理念的な三面大黒天）

大圓寺の七福神

大圓寺の五百羅漢

幸い仏像はすべて目黒川に運び入れられて、無事だったが、幕府はいろいろな理由で、火元である大圓寺の再建を嘉永元年（一八四八）まで、七六年もの長い間許可しなかった。

その間、仏像の類は、隣の風上で類焼を免れた明王院（現・雅叙園）に仮安置され、大圓寺の焼け跡には、明和九年の大火で犠牲となった人々の霊を慰めるため、五百羅漢像が、石彫で造られ、並べられた。数回、修復の手が加えられ、現在の姿に至っている。

三面大黒天

大圓寺の三面大黒天は秘仏になっており、六〇年に一度、開帳されることになっている。三面大黒天が秘仏扱いになっている所は少なくないが、同寺が秘仏にした理由は興味深い。

先代住職が寺を取り仕切っており、福田豊衍現住職がまだ子どもだったころ、毎日寺の雑用をしていた。

当時は、秘仏ではなく堂内に三面大黒天が祀られていた。子どもだった現住職が、供え物を盗み食いすると、すぐに、腹が下った。掃除の手を抜くと、障害物は何もないのに、転んだこともある。そんなことが何度も続いた。

住職が代替わりしたとき、福田住職は「うちの三面大黒天は、見張り役ではないか」と思い、厨子の中に入れて、秘仏にしたという。その後、寺はみるみる隆盛になり、斎場・障害者の授産所と土地一〇〇坪、庫裏などが次々に完成し、御利益を目にした。

圓福寺の御朱印

圓福寺の外観

天台宗　拝島山✻圓福寺

〒196・0002　東京都昭島市拝島町1丁目6・5　☎042・541・3072

拝島山圓福寺は今から約四三〇年前、天正元年（一五七三）、大日八坊の一寺として再建された。創建については不明である。

大日八坊の開基は、滝山城主北条氏照の家臣石川土佐守である。北条氏照は北条早雲を祖とする後北条氏の一族で、早雲から数えて四代目の北条氏政の兄弟である。石川土佐守は、氏照の重臣で、拝島・羽村・久保・天間・高築五ヵ村の領主だった。

石川土佐守の娘おねいが七歳の時、不幸にも眼病を煩い、両目が見えなくなった。父母はせめて一眼だけでも見えるようにと大日堂に祈願し、更に大日堂の下から湧き出る水で目を洗ったところ、左目が開いて見えるようになった。石川土佐守一族は、そのお礼のために古い大日堂を建て直し、また新しく一山八坊を建立し、これを滝山城の鬼門よけにしたと伝えられている。（「大日縁起」・『新編武蔵風土記稿』）

大日八坊とは、大日堂をお守りする八つのお寺ということである。八つのお寺とは、別当である普明寺・本覚院・圓福寺・知満寺・密乗寺・龍泉寺・蓮住院・明王院で、現在では普明寺・本覚院・圓福寺の三寺しか残っていない。

圓福寺は、『新編武蔵風土記稿』によると、「客殿三間に七間南向、本尊は正観音（しょうかんのん）を安ず、開山詳ならず、大日領一石の配当、廃寺の蓮住院の寺務を摂行し、都合二石をおさむといへり」とある。現在の本堂は、昭和四九年に再建されたものである。

圓福寺の三面大黒天の看板

三面出世大黒天

同寺の現住職が、駐在布教師として比叡山に毎年一回登ることを十数年間、続けた。その時、比叡山の大黒堂の三面出世大黒天と縁が結ばれた。その後、純金製の三面出世大黒天を比叡山から遷座して当山で祀るようになった。現在、秘仏となっており、直接参詣することはできない。当山祈願堂には、大黒天をはじめとして、毘沙門天、弁才天、恵比須の四天が安置されている。

屋根瓦の棟の鬼瓦と風鐸（茄子）は、奈良の正倉院の御物を真似て作ったもので、四方の鬼を見守っている。

成就院の御朱印

成就院の本堂

天台宗　萬照山✻成就院

〒191・0001　東京都日野市栄町5丁目5・1　☎042・581・1566

同寺では薬師如来を祀っている。「安産薬師」と呼ばれる如来の由来はこうである。天正の頃、僧の円勝は、運慶作の薬師像を護持していたが、平山七党の武将日奉宗忠の居城の鬼門除としてこの地に安置した。後に村長の妻妊娠してその夢枕に薬師如来さまのお告げを聞いた。「我に枝栗を供えよさらば安産ならしめん」とのことで、早速に枝栗をお供えして無事安産をすることができた。

それを伝え聞いた近隣の人々は「祈りで必ず験ありとて参詣者絶えることを知らず」と『新編武蔵風土記稿』等にも出ているが、今日もなお安産祈願の人々からその霊験著しい多くの実話の報告を受けているという。

三面大黒天

同寺の三面大黒天は、昭和五九年甲子に完成し落慶法要にあたり、地蔵堂の右側に安置された。地蔵の製作者に依頼して、この三面大黒天を作った。比叡山延暦寺の三面大黒天は、足の間から向こう側が見えてしまうので、見えないように製作を依頼。中国風の三面大黒天に仕上がっている。福徳寿命を授け、未来の幸福と利益をも与え給う。転禍為福の法験に浴せること、遍く世人の知るところである。この大黒天を崇信して檀信徒の繁栄を祈る。

成就院の三面大黒天

成就院の薬師堂

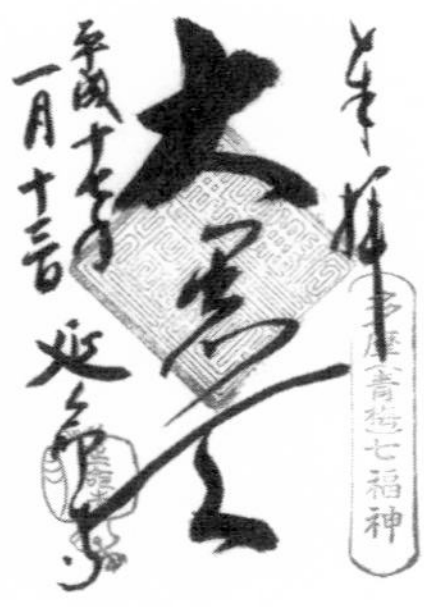

延命禅寺の御朱印

延命禅寺の本堂

臨済宗　住吉山＊延命禅寺

〒198・0084　東京都青梅市住江町82　☎0428・22・3386
（1月1日〜15日まで開帳）

当山は北朝後光厳天皇応安二年（一三六九）六月に創建された。開山は季竜元筍禅師である。本尊は釈迦如来座像で丈七寸、仏師宗謐の作、脇仏として延命地蔵菩薩・不動明王を祀っている。

応安二年に当寺を建立するについて季竜禅師は自分の郷里である摂州住吉（現在の大阪府住吉区）に鎮座する住吉大社を鎮守として勧請し、山号を住吉とした。これが現在、各地にある住吉神社のはじまりである。

その後、当山五世有堂和尚の代に青梅村十三戸の住民より当寺の鎮守住吉神社を青梅の総鎮守にする事を願われ、これを許す。三田弾正忠氏はその子政宗及び氏子の寄付によって社殿を築造し、初めて青梅全村の鎮守となった。

永正一〇年（一五一三）四月二十八日のことだった。明治に至るまで当山において住吉社を管理していた。境内の天満宮は明暦元年（一六五五）二月二十八日当山八世昌室和尚がこれを造営し祀った。

明治十六年四月八日当山二一世石窓和尚、群馬県太田市大光院新田寺開山呑竜上人の御分

延命禅寺の三面大黒天の掛け軸

身を奉迎し、安産・子育ての呑竜として、毎年四月八日ご開帳、毎月八日を縁日として、参詣の善男善女でにぎわっている。

本堂内に安置する乾闥婆（音楽を司り、小児の守り神）の石仏は、石仏としては日本で唯一のものと言われている。

当山は多摩（青梅）七福神の内、大黒天の奉安所である。昭和四四年六月に開創六百年祭を厳修した。

三面大黒天

同寺には、極忿怒相の三面大黒天の掛け軸が伝わっている。通常、裸形で表現されることの多いインド型の三面大黒天だが、同寺のものは、ゆったりとした衣服を着用した姿で、描かれている。室町時代に制作されたという。毎年、一月一日から一五日までの間だけ開帳する。

長谷寺の御朱印

長谷寺大黒堂外観

海光山慈照院✲長谷寺

〒248・0016　神奈川県鎌倉市長谷3・11・2　☎0467・22・6300

当山は十一面観世音菩薩を祀る観音霊場で、古来より坂東三十三観音の第四番札所として、諸方の篤い帰依に守られてきた。

往古より「長谷観音」の名で知られる本尊は、像高九・一八メートルにも及ぶ本邦でも最大級の木彫観音像である。右手に錫杖を執る独特の姿は「長谷寺式」とも呼ばれ、観音菩薩の功徳である現世利益に加え、地蔵菩薩の功徳である冥土での済度の力も兼ね備えた尊像と言われている。

縁起によれば、当山の本尊は大和長谷寺の本尊とともに一本の楠の霊木から造られたといわれ、二体の観音像の内一体は大和長谷寺の本尊として祀られ、残る一体が有縁の地における衆生済度の願により、海中に投じられたという。

その後、天平八年（七三六）に至り、長井浦（現横須賀）に流れ着いた尊像は当地に遷され当山建立の礎となった。そして一二〇〇年以上の星霜を経た現在、「鎌倉大観音」として法灯は今に伝えられている。

三面大黒天

高さ約三〇センチ。黒色の三面大黒天が厨子の中に入っている。二つの俵の上に立っており、右手に打ち出の小槌、左手に袋の口を握っている。三面は大黒天を中心に、左右に毘沙門天と弁才天を配しているが、よく見ないとどれも同じ顔に見える。腕はもともと二本しか彫らなかったようだ。平服を着ており、三等身である。おそらく、江戸時代に作られたものと思われる。

長谷寺大黒堂の右側に安置されている三面大黒天

長谷寺大黒堂の左側に安置されている七福神

妙長寺の御朱印

妙長寺の外観

日蓮宗　海潮山✲妙長寺

〒248・0007　神奈川県鎌倉市材木座2丁目7・41　☎0467・22・3572

宗祖が伊豆配流（はいる）の時、船出した地の丘に、船出の霊場として建立されたが、天和元年（一六八一）の大津波に流され、現在地に移転した。開山は元弘元年（元徳三　一三三一）に没した中老僧日実、正安元年（一二九九）の創建である。

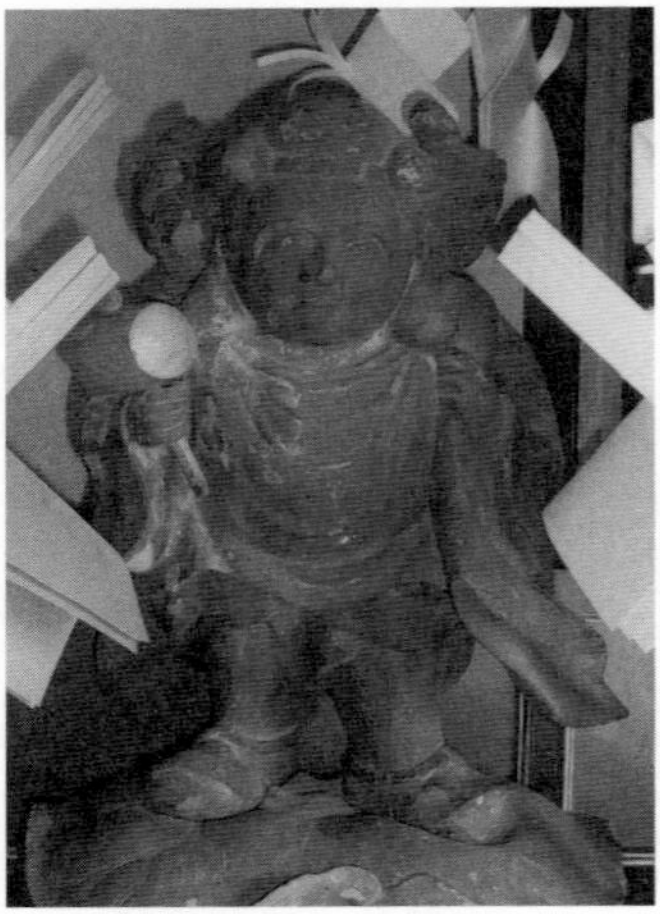

妙長寺の三面大黒天

三面大黒天

高さおよそ七〇センチ。二つの米俵の上に荷葉が敷かれ、その上に像が立っている。三等身、彩色を施しているが、剥がれている。大黒天の耳たぶが、像の手のひらほどの大きさである。

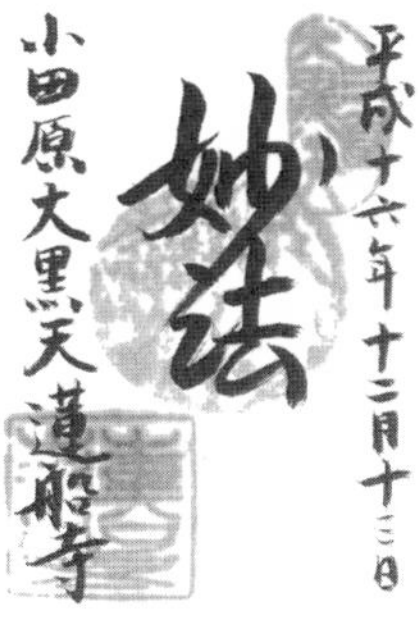

蓮船寺の御朱印

蓮船寺の外観

日蓮宗　惺雄山✻蓮船寺

〒250・0045　神奈川県小田原市城山3丁目31・15　☎0465・22・8844

天正一八年（一五九〇）七月に小田原北条氏が滅び、家老職の井出内匠正国は事後の整理を済ませ、主君の後を追い八月三日に切腹する。正国は甚七郎ともいう。その井出甚七郎の死後、妻の発願によりその下屋敷を寺院として菩提を弔うこととなる。ここで開山に蓮行院日船上人をむかえたとされている。

妙本寺の古袈裟の奉納裏書きによって明らかなように、天正一八年には惺雄山蓮船寺としてお寺があったことが確証されている。だが、寺に伝わる伝承には永正二年（一五〇五）二月創建といわれて八〇年も時代がずれており（寺院書き上げ）、日船上人活躍年代ともずれてしまう。それは日船上人の没年が寛永二年（一六二五）であるからである。天正二年の誤記ではないだろうか。

おそらく井出氏は天正二年に小田原の板橋の下屋敷の中に堂宇を自ら建立し、一族の菩提を弔っていたのではないだろうか。治水工事（井戸掘り）を専門にしていたといわれる井出氏の周辺では、工事中に不幸にして事故の犠牲となった人がいたのではないかと想像されるからだ。

しかし、天正一八年の小田原の戦乱の後、井出氏が切腹し、妻である本如院清養日随大姉が供養のために、日船上人を開山に招き本格的なお寺に改装したのだろう。師匠の日体上人につ

蓮船寺の山門

いてはまったく不明である。

今回開山日船上人の事蹟を調べている中で、伊豆韮山町妙正寺の第六世に実船坊日船上人という方がいることを知った。妙正寺に伝わる池上日惺聖人の十界曼陀羅の脇書きによれば、

天正一四年（一五八六）大才丙戌仲春時正會

豆州龍雄山常什本尊

実船坊日船長興山両日解説之砌

気行学勇猛弘通成就授与之

とあり、日船は鎌倉の本山妙本寺（長興山）での二日間の法論で、行学両面の積極的な発言で士気を高め、目的を達成したのでこの本尊を授けるといった内容である。

小田原の蓮船寺を開いた蓮行院日船上人とここに登場する実船坊日船上人との関連は不明だが、韮山は、小田原北条氏にとって父祖早雲公以来の重要な地で、小田原落城後、河内狭山に所領を与えられた北条氏規（うじのり）は韮山を最後まで守り通した伝説の人だから、その孫の氏信（うじのぶ）の家来の井出氏にもなにか縁のある土地ではないかと思われる。

蓮船寺の山号の惺雄山の惺は日惺聖人にちなむものと思われる。

ここで問題にしたいのは、伊豆韮山妙正寺の山号が龍雄山であることである。実船坊日船上人と蓮行院日船上人がもしも同一人物であるとすれば、出家以来の縁の深い妙正寺の山号より一文字もらったとも考えられないことはない。

以上開山蓮行院日船上人についての調査を通じて意外にも、鎌倉比企谷妙本寺の日惺聖人との関係が浮かびあがり、徳川家康の江戸入りに従った本山日惺聖人の動きともつながり、江戸時代初期の日蓮教団の歴史と関連していくものと確信した。

三面大黒天

小田原七福神の一つ大黒天を祀っている。どういうわけか、仏像は二体ある。寺伝によれば、江戸時代中期にこれらの仏像が京都松ヶ崎の日蓮宗の寺から小田原に移されたということだが、そのいきさつについて詳しいことは不明。

二体のうち一体は、大黒天の中でも天台宗の比叡山で最初に祀られた三面大黒天の様式の仏像。もう一体は一般的な普通の大黒天像である。

寺伝では後者は京都で布教をした日像の勧請による仏像であるといわれている。日蓮宗では盛んに大黒天が祀られているが、これは日蓮聖人が弟子に大黒天を勧請するように勧めたからだと思われる。

日蓮聖人の代表的な著作である『立正安国論』の冒頭にも、「七難即滅、七福即生」の仁王般若経の語句が引用されているが、鎌倉時代にもすでに一〇〇人の僧侶がこの経を講ずるという仁王会（にんのうえ）という儀式が盛んに行われていたようである。後世この経文にちなんで、七福神という神様を選んで盛んにお参りをするようになったのが、七福神巡りである。当寺の三面大黒天は、向かって右側に毘沙門天、左側に弁才天を配している。三面六臂で、毘沙門天と弁才天の持ち物は破損している。大黒天が踏んでいる俵に宝珠が描かれていないところを見ると、江戸時代の初期に作られた可能性がある。また、表面に切った跡がないので一木造りではないだろうか。保存状態は良好である。

蓮船寺の三面大黒天

最乗寺の大黒堂

最乗寺の御朱印

曹洞宗　大雄山✲最乗寺

〒250・0127　神奈川県南足柄市大雄町1157　☎0465・74・3121

大雄山最乗寺は、曹洞宗に属し全国に四〇〇〇余りの門流をもつ大寺である。御本尊は釈迦牟尼仏、脇侍仏として文殊、普賢の両菩薩を奉安し、日夜国土安穏万民富楽を祈ると共に、真人打出の修行専門道場である。開創以来六〇〇年の歴史をもつ関東の霊場として知られ、境内山林一三〇町歩、老杉茂り霊気は満山に漲り、堂塔は三十余棟に及ぶ。

開山了庵慧明禅師は、相模国大住郡糟谷の庄（現在伊勢原市）に生まれ、藤原姓である。長じて地頭の職に在ったが、戦国乱世の虚しさを感じ、鎌倉の不聞禅師に就いて出家、能登總持寺の峨山禅師に参じ、更に丹波（兵庫県三田市）永沢寺通幻禅師の大法を相続した。

その後、永沢寺、近江総寧寺、越前龍泉寺、能登妙高庵と通幻禅師の後席すべてをうけて住持し、大本山總持寺に輪住する。五〇歳半ばにして相模国に帰り、曽我の里に竺土庵を結んだ。そのある日、一羽の大鷲が禅師の袈裟をつかんで足柄の山中に飛び大松（袈裟掛けの松）の枝に掛ける奇瑞を現じた。その啓示によってこの山中に大寺を建立、大雄山最乗寺と号した。応永元年（一三九四）三月一〇日のことである。

大雄山最乗寺の守護を務めた道了大薩埵は、修験道の満位の行者・相模房道了尊者として世に知られる。尊者は先に聖護院門跡覚増法親王につかえ幾多の霊験を現し、大和の金峯山や大

最乗寺の三面大黒天

三面大黒天の顔を近くで見る

最乗寺の結界門に立つ天狗

峰山、熊野三山に修行。三井寺園城寺勧学の座にあった時、大雄山開創に当たり空を飛んで、了庵禅師のもとに参じ、土木の業に従事、約一年にしてその大事業を完遂した。その力量は一人にして五〇〇人に及んだという。

応永一八年三月二七日、了庵禅師七五歳にして遷化。道了は「以後山中にあって大雄山を護り多くの人々を利済する」と五大誓願文を唱えて天狗に姿を変え、火焔を背負い右手に拄杖、左手に綱を持ち白狐の背に立つと、天地鳴動して山中に身を隠された。以後諸願成就の道了大薩埵と称され絶大な尊崇をあつめ、十一面観世音菩薩の御化身であるとの信仰をいよいよ深くして今日に至っている。

三面大黒天

「こちらの大黒様は、大変御利益のある大黒様でしてね。こちらでお参りしてから、息子がマンションを買ってくれたんです。それから、ここに赤い打ち出の小槌があるでしょう。右膝が痛くて歩けなくなったときに、この小槌で右膝をなぜましたら、痛みがすっかりなくなりましてね。高いところにある奥の院まで登って行くこともできるようになりました。ですから、わたしは時間があるときは、ここにお参りに来るのです」

こう語るのは、たまたま大黒堂に居合わせた八〇代の老婦人である。老婦人は話をしながら、小槌で膝をさすって見せた。

大黒天は福徳円満慈悲の相を現す守護神で七福神の一つ。世の人々がお金を欲しがるので大

最乗寺の多宝塔

最乗寺の大黒堂の中にある打ち出の小槌

最乗寺三面大黒天のお札

慈悲の心を起こして打ち出の小槌でお金を叩き出す役目を引き受けた。

大雄山の三面大黒天は南足柄市飯沢のお米の神様・南足柄神社、矢倉沢の薪の神様・矢倉神社及び箱根の清水の神様・箱根権現がその尽きる事のない食糧と薪と清水で三面から守り、詣でる人々に無限の幸福を与えているとされる。

当山の三面大黒天は、他山の三面大黒天と全く形状が異なっている。一般的な三面大黒天は、大黒天を中心にして、左右に毘沙門天と弁才天を配しているが、当山の三面大黒天は、平面上に立体を表しているような技法で作られている。立体画法ともいうべき表現方法で、一つの顔のなかに、三つの顔が同居しているような形である。しかも、薪の神様、水の神様、米の神様の合体神という珍しい三面大黒天である。江戸時代末期の弘化元年（一八四四）に作られたといわれる。

当山開創の時、水は箱根権現が、米は飯沢権現が、薪は矢倉権現が永代供養を申し出た。その三神を合体したご本尊を祀る三面大黒天堂を拝んだ後、参道は三五〇の石段に続く。奥の院・慈雲閣が山の頂上に祀られている。ご本尊の十一面観音菩薩は道了尊の本地仏（ほんじぶつ）である。

法華寺の御朱印

法華寺の本堂

中部・東海

天台宗　高草山✲法華寺

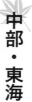

〒425・0001　焼津市花沢2　☎054・626・0905

法華寺は奈良時代、第四五代聖武天皇が全国に建立を命じた国分寺、国分尼寺のうち、駿河国の国分尼寺（法華滅罪之寺）と推測されている。天平年中七四〇年頃の草創で、当時は一六の坊があった大規模な寺院であったと伝えられる。当寺から直線にして五キロ四方には、現曹洞宗が西門の寺、現時宗が南門の寺と伝わる。

西隣地区にある現曹洞宗の寺は、天台四祖知證大師の建立といわれ、市内にもほかに天台宗の寺があったという。当寺の東側には日本武尊（やまとたけるのみこと）が通ったという日本坂があり、この道を東に静岡へ向かうと小坂に出る。ここの現曹洞宗の寺の本尊は伝教大師の作、千手観音であり、当寺の檀家もあった。

北山裏には奥の院東照寺があった。本尊は聖観音（しょうかんのん）菩薩で聖徳太子の作とされる。永禄・元亀年間、武田信玄・勝頼により花沢城が落城されたおり、寺の建物はことごとく焼かれた。その後、荒廃していたが、寛文の頃、江戸上野寛永寺の末寺となり、元禄七年、中興開山講政和尚が、本堂と仁王門を再建し、二代豪順、三代豪栄が多年の努力の末、檀家の協力を得て、寺の

法華寺の仁王門

周辺を整備し復興した。

当山法華寺の文化財には、聖観音像（県指定文化財）、仁王門（市指定文化財）がある。当寺は、別称「ちっちいかんのっさん」と呼ばれ、乳観音様は、子授け、安産、授乳など出産にかかわるすべてのことに御利益があり、以前は樹齢六五〇年以上の大イチョウがあり、垂れ下がった木の枝に願い事を書いた紙を結んで、「母乳が出ますように」などと拝んだ。

安産子宝の絵馬が多数奉納されている。女性が祈祷を依頼し、寺がお米を入れた小袋を渡し、ご飯を炊くときに、少しずつこの米を入れて、一週間にわたり乳が出るようにと祈るように勧めた。乳が出るようになり、お礼に来る人も大勢いたという。

三面大黒天

当寺の三面大黒天は秘仏になっており、実物を見ることはできないが、延暦寺の三面大黒天と同じく、ほぼ七等身で均整のとれた像であるという。大黒天の表情は、忿怒相に作られているそうだ。

浄土宗　道智山✲遍照院

〒447・0802　愛知県碧南市鷲林町2・13　☎0566・41・4800

当山は以前、本尊を三面大黒天、脇段に毘沙門天、吉祥天を祀り、天台宗・和国寺として、荒子の里（現在の市内荒子町の鎮守の森の辺り）にあった。

昔、片山家初代の菊池四郎頼武は、第九五代後醍醐天皇の元弘（南朝）・正慶（北朝）年間における尊氏追討の勅命を受けての戦功は大きく、老後仏門に帰依して、荒子に仏果菩提のため、嘉慶元年（一三八七）三月に創建したのが和国寺だった。天皇ならびに国家の安穏のために日々護摩供養を厳修したという。

以来、星霜経過して、片山家九代目の道智は武勇も優れ、道念も厚く、また熱心な浄土信仰者である徳川家康公との縁故があった。この強烈なご縁に一大発起して、天台宗和国寺を廃寺移転して、鷲塚（鷲林町）に寛永二年（一六二五）三月一字を建立した。

家康公の母（於大の方）菩提のために建立された江戸小石川の伝通院一二代住職、林冏上人を招き、開基として創建したのが現在の当山（山号　道智山・寺号　是入寺）浄土宗　遍照院である。

当寺の名称は、阿弥陀如来仏の光明があまねく照らす、という意味からきている。成田仁立住職は、「心のオアシス遍照院」をモットーに、経済不況、社会不安などのストレスに悩む人

遍照院の御朱印

たちの相談にのっており、檀家や信徒から親しまれている。

三面大黒天

当寺境内に、三面大黒天堂が設けられ、中央に三面大黒天、左右に毘沙門天と吉祥天を配している。像の高さ一〇八センチ、木彫、彩色。尊天は威厳のある容貌をしており、四角みを帯びた五つの俵の上に立つ。作られた年代は明らかではないが、おそらく一六世紀後半か一七世紀前半の制作ではないかと思われる。

当寺では、春秋二回、三面大黒天の大祭を厳修、数多くの人々が訪れる。

遍照院の三面大黒天

妙乗院の三面大黒天

妙乗院の本堂

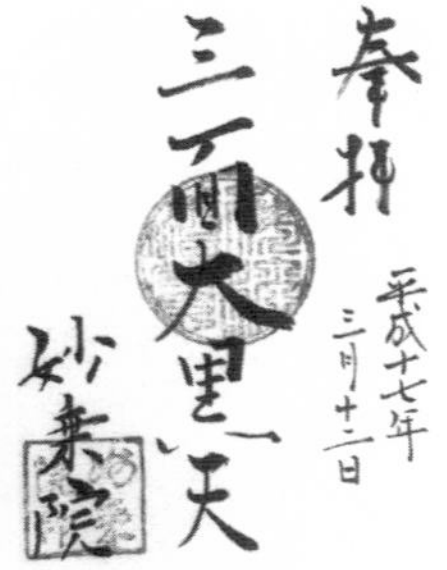

妙乗院の御朱印

天台宗　仙養山※妙乗院

〒477・0034　愛知県東海市養父町里中51・1　☎0562・32・1029

平安時代中期の安和年中九六八年頃に創建され、かつては安楽寺（本坊）一山三六院の学頭として、権威と格式を誇った寺であると記録されている。戦国乱世の末期、兵火により、安楽寺（本坊）とともに、一山は焼亡したが、天正年中一五八〇年、中興の祖である円秀法印の勧進によって再興される。この兵火の際、本尊が消失したので、釈迦御堂から本尊の釈迦如来を移座して安置する。寺宝に、三畳ほどの涅槃図、円空仏、ほほえみ観音などがある。

また、現在、当寺には「四季桜」といい、一年中咲く桜がある。特に一一月から一二月にかけて満開になり、雪の降る日などは、見ごたえじゅうぶんであるという。

当寺では、住職による笑いと癒しの法話が催される。現在にも生かせる仏教法話、コンサート、お寺での個人相談なども行われている。

三面大黒天

「三面厄よけ大黒天」と呼ばれている。高さ約二〇センチ。金色彩色を施してあり、保存状態はきわめてよい。中国の貴人ふうの姿をしており、表情はおっとりとして品がある。紀州徳川家の念持仏と伝えられている。

大福田寺の御朱印

真言宗　神宝山法皇院✲大福田寺

〒516・0811　三重県桑名市大字東方1426　☎0594・22・0199

今から数えて一四〇〇年の昔、用明天皇（在位五八五～八七）の皇子聖徳太子（五七四～六二二）が伊勢の山田に創建した寺である。

天武、持統、聖武、淳和、各天皇の臨幸があった。聖武天皇が勅して、大神宮寺と称し、淳和天皇の時に勅願寺に指定された。

天長年間（八二四～三四）、弘法大師が一夏安居し、三密の法を修行した。延喜年間（九〇一～二三）、寛平法皇（宇多天皇）が方丈を行宮とし、閑居した。その時以来、明治の初めまで、御室御所と称され、菊の御紋の使用を許されていた。当時、宇多天皇の第三皇子真寂親王が、持念の不動尊を寄進奉納した。この不動尊は現在、聖天堂に安置され、厄除不動尊として広く信仰を集めている。

永承七年（一〇五二）正月には、御冷泉天皇が行幸し、一〇〇〇人の僧を集めて勅会の読経が行われた。

その後、弘安年中（一二七八～八八）、天災・火災に見舞われ、堂塔伽藍は荒廃して、寺運は衰えた。時の後宇多天皇は当山の荒廃を嘆いて勅命により、広大な土地を寄進し、七堂伽藍、塔頭三七、末寺四四〇あまりを有する大寺院を再建するにいたり、福田寺と号した。のちに、足利尊氏が当山を深く尊信して「大」の字を加えて、「大福田寺」と改号した。

文政年間（一八一八〜三〇）、桑名藩主に移封された松平定永の父である定信公は、持念の歓喜天尊ならびに供養料一〇〇石を寄せて聖天堂（しょうてんどう）を建立した。その時以来、神宝聖天尊と称し、奈良の生駒聖天（宝山寺）、東京浅草の待乳山（まっちやま）と並んで日本三大聖天の一つとして、福徳開運、敬愛和合の霊験あらたかであるとして、民衆の信仰が厚く、今日も参拝者は絶えない。

大福田寺の三面大黒天

三面大黒天

高さ約八〇センチ、彩色。法隆寺夢殿に安置されている観音像の表情に似ており、神秘的な雰囲気を漂わせている。おそらく、江戸時代に作られたものと思われる。保存状態はきわめて良好で、三天の持ち物の欠損は見られない。

古来、「願かけ大黒」ともいわれており、祈願すると、大黒天、毘沙門天、弁才天の福徳力によって、どのような願望も容易に成就するといわれ、多くの崇敬者がいる。

和宗　かさもりいなり法住院

〒516・0062　三重県伊勢市浦口3丁目1・29　☎0596・28・6938

元天台宗延暦寺派に属していたが、現在は和宗四天王寺末。約一一〇〇年前、仁和年中に智証大師によって創建された伊勢屈指の名刹である。江戸時代後期までは、末寺四か寺を抱えていたが、明治初めの廃仏毀釈のおり、末寺は廃寺または合併されて、現在は存在しない。

通称「かさもりさん」と呼ばれ、地元の人だけでなく、広く信仰を集めている。かさもり稲荷は、鎮守として祀られ、特に嘉応年中、平清盛公が伊勢神宮参拝の折、腫れ物により徒歩が困難になった。かさもりいなりに平癒の祈願をしたところ、速やかに霊験が現れ、無事、神宮を参拝することができた。帰京後、すぐに堂宇造営を命じ、法住院境内に祀られるようになり、以来、商売繁盛、病気平癒の信仰を集めている。

三面大黒天

当寺の三面大黒天は、かなり熟達した仏師の手によるものと思われる。大黒天が少し体をそらして、正に打ち出の小槌を振って黄金を打ち出そうとしている様が、写実的に表現されている。袖や衣服のひだなどは、滑らかに流れるように作られている。三面二臂で、頭部の左右に小さい顔が彫刻されている。向かって左側は忿怒相で目をつぶっている。右側も忿怒相だが、こちらの方は、目をかっと見開いている。

かさもりいなり法住院の御朱印

通常の三面大黒天は左右に、毘沙門天と弁才天を配しているが、当寺の三面大黒天のようにどちらも忿怒相であることは珍しい。

また、大黒天の笑い顔を作るのは、技術的に難しいとされているが、当三面大黒天正面の顔は不自然さがない。さらに普通、大黒天は俵の上に足をのせているが、当三面大黒天は蓮葉の上に立っている。江戸時代初期に作られたものか。

著名な仏師が、当三面大黒天を一〇〇〇万円で買い取りたい、と申し出たこともあるというから、古美術的にも価値があると思われる。

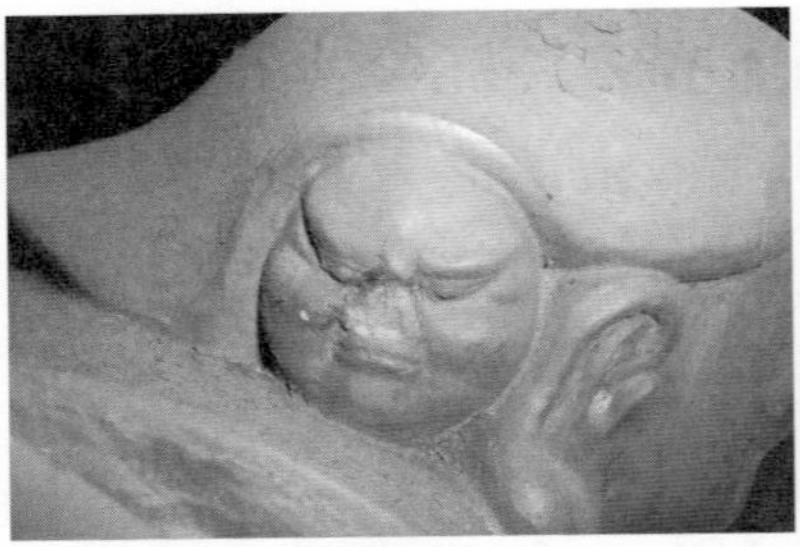

かさもりいなり法住院の三面大黒天

延暦寺大黒堂の御朱印

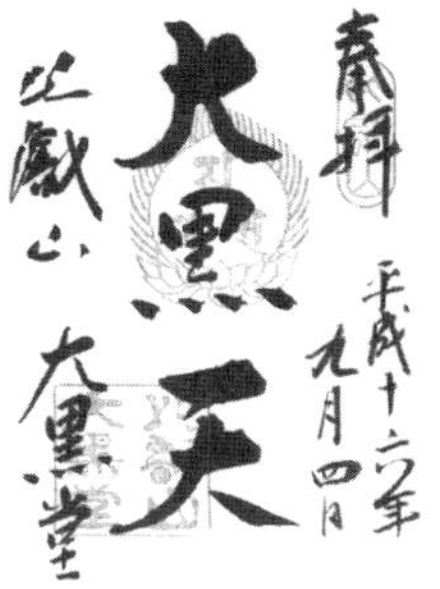

延暦寺の大黒堂

近畿・中国

天台宗　比叡山✲延暦寺

〒520・0116　滋賀県大津市坂本本町4220　☎077・578・0001・0678

延暦寺（えんりゃくじ）は、比叡山全域を境内とする寺院で、最澄が開いた天台宗の本山寺院である。「延暦寺」とは比叡山の山上から東麓にかけた境内に点在する東塔（とうとう）、西塔（さいとう）など、三塔十六谷の堂塔の総称である。

延暦七年（七八八）、最澄が一乗止観院という草庵を建てたのが始まりである。開創時の年号をとった延暦寺という寺号が許されるのは、最澄没後の弘仁一四年（八二三）のことだった。

延暦寺は数々の名僧を輩出している。浄土宗の開祖法然、浄土真宗の開祖親鸞、臨済宗の開祖栄西、曹洞宗の開祖道元、日蓮宗の開祖日蓮など、新仏教の開祖や、日本仏教史上著名な僧の多くが若い日に比叡山で修行していることから、「日本仏教の母山」とも称されている。

比叡山は文学作品にも数多く登場する。また、天台の思想に基づいた「一二年籠山行」「千日回峯行」などの厳しい修行が現代まで続けられており、日本仏教の代表的な聖地としてユネスコの世界遺産にも登録されている。

比叡山は古代、山岳信仰の山であったと思われる。東麓にある日吉（ひえ）大社には、比叡山の地主神である大山咋神が祀られている。

最澄は俗名を三津首広野といい、神護景雲元年（七六七）、近江国滋賀郡（滋賀県大津市）に生まれた。一五歳の宝亀一一年（七八〇年）、近江国分寺の僧・行表のもとで得度（出家）し、最澄と名乗る。

二〇歳の延暦四年（七八五）、奈良の東大寺で受戒（正式の僧となるための戒律を授けられること）し、正式の僧となった。青年最澄は思うところあって、奈良の大寺院での安定した地位を求めず、郷里に近い比叡山にこもって修行と経典研究に明け暮れた。最澄は数ある経典の中でも法華経の教えを最高のものと考え、中国の天台大師智顗の著述になる「法華三大部」（「法華玄義」、「法華文句」、「摩訶止観」）を研究した。

時の桓武天皇は最澄に帰依し、天皇やその側近である和気氏の援助を受けて、比叡山寺は京都の鬼門（北東）を護る国家鎮護の道場として次第に栄えるようになった。

延暦二一年（八〇二）、最澄は還学生（短期海外研修生）として、唐に渡航することが認められ、翌々年、遣唐使船で唐に渡った。最澄は、霊地・天台山では天台大師智顗直系の道邃和尚から天台教学と大乗菩薩戒、行満座主から天台教学を学んだ。

また、越州（紹興）の龍興寺では順暁阿闍梨より密教、脩然禅師から禅を学んでいる。このように天台教学、戒律、密教、禅の四つの思想をともに学び、日本に伝えた（四種相承）ことが最澄の学問の特色で、後に延暦寺から浄土教や禅宗の宗祖を輩出した源がここにあるといえる。

大同元年（八〇六）、日本天台宗の開宗が正式に許可されるが、仏教者としての最澄が生涯かけて果たせなかった念願は、比叡山に大乗戒壇を設立することだった。大乗戒壇を設立するとは、奈良の旧仏教から完全に独立して、延暦寺において独自に僧を養成することができるようにしようということである。

最澄の説く天台の思想は「一向大乗」つまり、すべての者が菩薩であり、成仏（悟りを開く）することができるというもので、奈良の旧仏教の思想とは相容（あいい）れなかった。当時の日本では僧の地位は国家資格であり、国家公認の僧となるための儀式を行う「戒壇」は日本に三箇所（奈良・東大寺、筑紫・観世音寺、下野・薬師寺）しか存在しなかったため、天台宗が独自に僧の養成をすることはできなかった。

最澄は自らの仏教理念を示した『山家学生式（さんげがくしょうしき）』の中で、比叡山で得度（出家）した者は一二年間山を下りないで籠山修行に専念させ、修行の終わった者はその適性に応じて比叡山で後進の指導にあたらせ、あるいは日本各地で仏教界のリーダーとして活動させたいと主張した。このような菩薩僧を養成するための大乗戒壇の設立は、最澄の死後七日目にしてようやく許可となった。

以後の比叡山は、日本仏教史に残る数々の名僧を輩出した。円仁（慈覚大師、七九四～八六四）と円珍（智証大師　八一四～八九一）はどちらも入唐（唐に留学）して多くの仏典を将来し、比叡山の密教の発展に尽くした。また、「元三大師（がんざん）」の別名で知られる良源（慈慧大

師　九一二～九八五）は延暦寺中興の祖として知られ、火災で焼失した堂塔伽藍の再建、寺内の規律維持、学業の発展に尽くした。

比叡山の僧は、後に円仁派と円珍派に分かれて激しく対立するようになった。正暦四年（九九三）、円珍派の僧約千名は山を下りて園城寺（三井寺）に立てこもった。以後、「山門」（円仁派、延暦寺）と「寺門」（円珍派、園城寺）は対立・抗争を繰り返し、こうした抗争に参加し、武装化した法師の中から自然と「僧兵」が現れてきた。

比叡山で修行した著名な僧としては以下の人物が挙げられる。

＊源信（恵心僧都　九四二～一〇一六）『往生要集』の著者
＊良忍（聖応大師　一〇七二～一一三二）融通念仏の唱導者
＊法然（一一三三～一二一二）浄土宗の開祖
＊栄西（一一四一～一二一五）日本臨済宗の開祖
＊道元（一二〇〇～一二五三）日本曹洞宗の開祖
＊親鸞（一一七三～一二六二）浄土真宗の開祖
＊日蓮（一二二二～一二八二）日蓮宗の開祖

元亀二年（一五七一）九月一二日、織田信長の焼き討ちにより延暦寺の堂塔はことごとく炎上したが、その後豊臣秀吉や徳川家康らによって再建された。家康の死後、天海僧正により江戸の鬼門鎮護の目的で上野に東叡山寛永寺が建立されてからは、宗務の実権は江戸に移った。

三面出世大黒天のお札

三面大黒天

我が国で最も古い三面大黒天で、全国の三面大黒天の基本である。秘仏なので現物を拝観することはできないが、延暦寺の大黒堂にあるレプリカからその姿を想像することができる。立像で、後世の三等身のずんぐりした体型ではなく、七等身の均整のとれた姿をしている。豊臣秀吉が信仰することにより、天下を取ったことから、「三面出世大黒天」という。大黒天、毘沙門天、弁才天の合体神である。

蓮聖寺の御朱印

蓮聖寺の本堂

日蓮宗　光長山※蓮聖寺

〒520-0105　滋賀県下坂本3丁目13-13　☎077-578-1034

創立は宗祖日蓮の直弟子である華光院日郷上人が宗祖御自作の尊像を背負って諸国を巡り、この地が宗祖の比叡山遊学時の里坊の地であったことを知った。

そこで弘安一〇年（一二八七）四月に小堂を建立し尊像を安置したことにはじまる。

元亀の兵火で焼失したが慶長一〇年（一六〇五）に堂宇が再興された。宝暦八年（一七五八）、越前敦賀藩の酒井忠香が石灯籠一対を寄進している。

蓮聖寺の三面大黒天

三面大黒天

高さ約二一センチ。三面には、あまり差異が見られない。内刳りのない一木造りで、一部に金箔の跡がかすかに認められるが、ほぼ全面にわたって、黒色を呈している。京都市にある日蓮宗常照寺にも、ほぼ同じような像が伝わっているという。

平等寺の御朱印

平等寺の本堂

真言宗　因幡薬師✲平等寺

〒600・8415　京都市下京区烏丸通り松原上ル因幡堂町　☎075・351・7724

長保五年(一〇〇三)四月八日、橘行平卿により開基。寺伝によれば本尊は、長徳三年(九九七)、橘行平卿が勅命を受けて、因幡の国一の宮へ代参したとき、夢のお告げによって、海中から引き上げられた薬師如来であるといわれている。

因幡堂縁起によれば、これを仮堂に安置したが、行平卿の後を追い、都に飛来し、行平邸に入ったので、これを祀ったのが当寺の起こりである。

承安元年(一一七一)、高倉天皇から「平等寺」の勅額を賜り、平等寺となる。この後、町堂として京の町衆に親しまれ、一〇〇〇年間、この地で法灯を伝えてきた。一遍聖人も都布教の起点とし、京の町衆へもその教えを説き、猿楽興行も行われた。また、浄瑠璃発祥の地ともいわれている。

江戸時代には、北側芝居、南側芝居に次いで、歌舞伎興行も行われていた。出店も並び、町衆の楽しみを支えた寺だった。

だが、明治維新の折、衰微して堂宇も灰燼に帰し、かろうじて子院を本堂として、その法灯を伝えていたが、京都市民の力添えで、明治一九年に本堂を復興、再び元の位置に本尊を安置し、町堂としての活動を再開した。当寺は京都市街地の大通りから少し外れた路地裏にある。

こぢんまりしているが、歴史を感じさせる古い本堂があり、中に入ると一瞬、時間が止まったかのように感じる。時代劇によく出るような懐かしい調度品が並んでいるからである。東山や嵐山の寺院のような華やかさはないが、親しみやすく雰囲気のよい古刹である。

三面大黒天

「へぇーっ、これが大黒様なんですか！」

平等寺は「京の大黒さんご利益めぐり」六寺の一つに数えられている。それで、多くの参拝者がここを訪れるが、当寺の大黒天を拝観すると、みながこのような驚きの声を口にするそうだ。それもそのはずで、当寺の大黒天は、三面六臂で恐ろしい表情をしている。これが大黒天のもともとの姿であると説明するとよけい驚くそうだ。

大黒天は、もともとインドのヒンズー教の神様で、マハーカーラと呼ばれていた。その姿は、三面六臂極忿怒相で、不動明王よりも恐い形相をしている。それが、日本に伝わると、大国主命と習合して、大きな袋を背負って打ち出の小槌を持ち、福徳円満相で優しい福神に変わっていった。

当寺の三面大黒天は、大黒天の原点であるマハーカーラの姿を彫刻したものである。このマハーカーラの絵画を保存している寺はあるが、彫刻したものを祀っている寺は当寺と東京の安養院だけだという。マハーカーラは戦闘神であることから、当寺の三面大黒天は勝負運を高めてくれるという御利益がある。実際、当寺のお守りを買い求めて、ギャンブル好きの人にプレ

平等寺の三面大黒天

安養院の三面大黒天

ゼントしたところ、連続して大勝ちしているという報告があった。高さ約二〇センチ、木造彩色。江戸時代に作られたという。

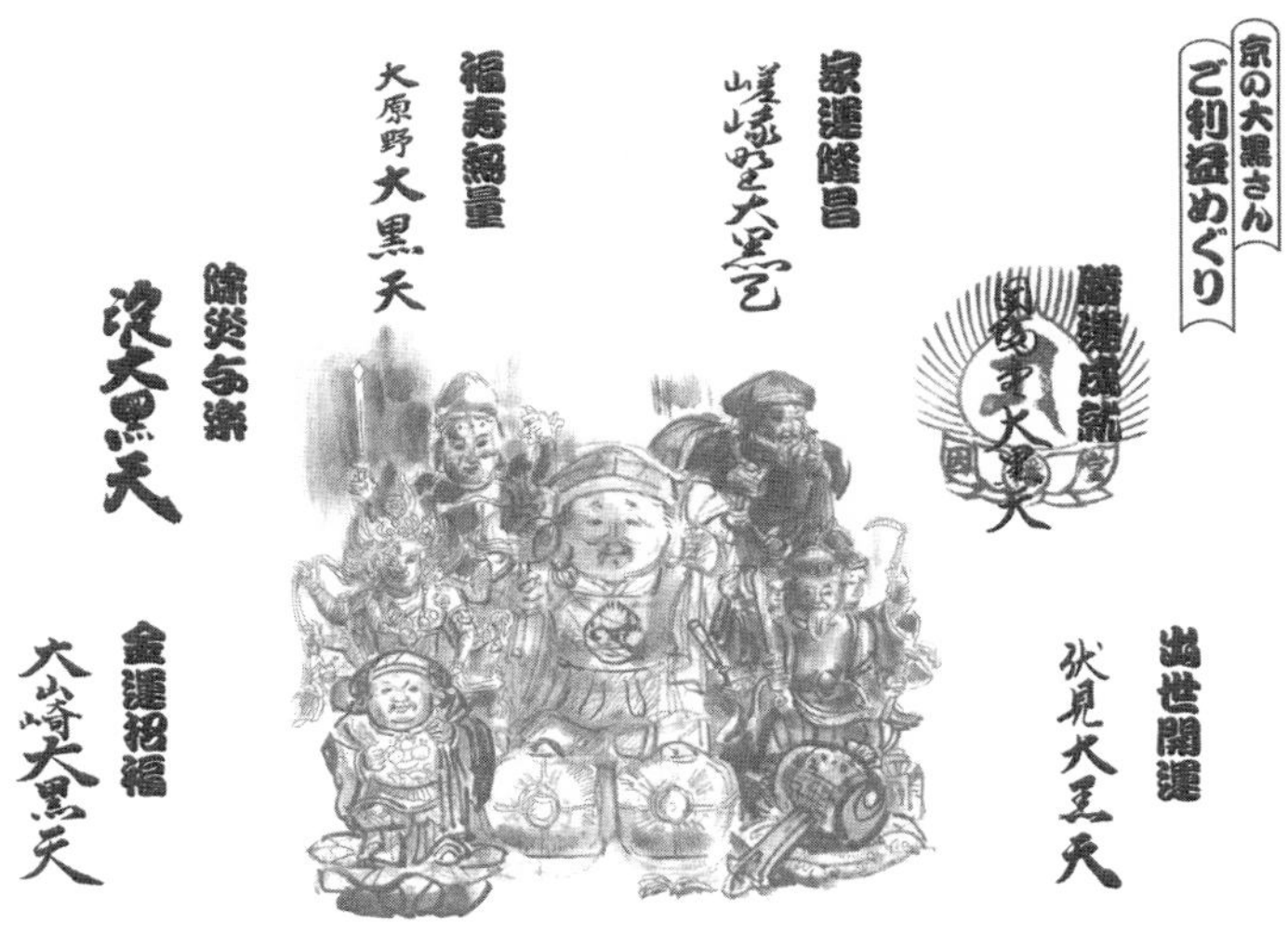

東寺の御朱印

東寺の大黒堂

真言宗　総本山✲東寺（教王護国寺）

〒601・8473　京都市南区九条町1　☎075・691・3325

延暦一三年（七九四）、桓武天皇は、動乱の中で奈良から長岡京を経て平安京へと都を移し、羅城門の東西にそれぞれ大寺を置いた。

現在の京都は御所をはじめとして大部分が東方へずれているが、東寺はもとの場所にそのまま残っていて史跡に指定されている。東寺は左寺ともいうが本格的に活動を始めたのは空海の造営以後である。

このお寺にはアショーカ王以来の伝統に従って、法によって国の平和が護られ、その光が世界の隅々にまでいきわたるようにということと、それぞれの思想が共に侵さず共存していく原理を見出し伝え、共々に力を合わせ実現されていくようにとの大師の願いが込められている。東寺の伽藍は南大門を入って金堂・講堂、少し隔てて食堂（じきどう）が一直線に置かれ、左右に五重塔と灌頂院が配置されている。塀で区画された境内はそのままマンダラであり浄土である。我々はそこから様々のメッセージを汲み取ることができる。

大師はまた高野山を自らの修行の場として開き、そこで得られた知恵を利他行として東寺で実践した。生老病死に代表される衆生の苦悩の解決法とその生活への表現が大師の一生だった。

空海は祈りのない行動は妄動であり、行動のない祈りは妄想であるとの信念から、水のない所に池を掘り、橋のない所に橋をかけ、道のない所に道をつけ、食の乏しい者には食を得る方法を教え、病む者のために良医になった。

「弘法さん」は毎月二一日、大師の命日に催される京の風物詩である。境内には千軒以上の露店が並び、二〇万人以上の人出でにぎわう。これは弘法大師・空海に寄せる民衆の信頼の深さを表しているといえよう。

東寺は平安京以来一二〇〇年の間に幾度も台風、雷火、兵火等の災害を受け、堂塔の大半を消失したが、その都度、一般民衆の信仰の力によりもとの姿に再建され、とくに五重塔は古都の玄関の象徴として昔の姿をそのままに伝えて今日に至っている。

東寺の三面大黒天
（秘仏のためイラストにしてある）

三面大黒天

木造彩色、高さ約二八センチ。江戸時代に作られている。御影堂の西の御供所（ごくしょ）だった大黒堂に本来安置されていた。秘仏とされ、六〇年に一度の御開帳とされてきた。端正な作りで、豊臣秀吉の念持仏（圓徳院蔵）にやや似ている。保存状態はかなりよいという。

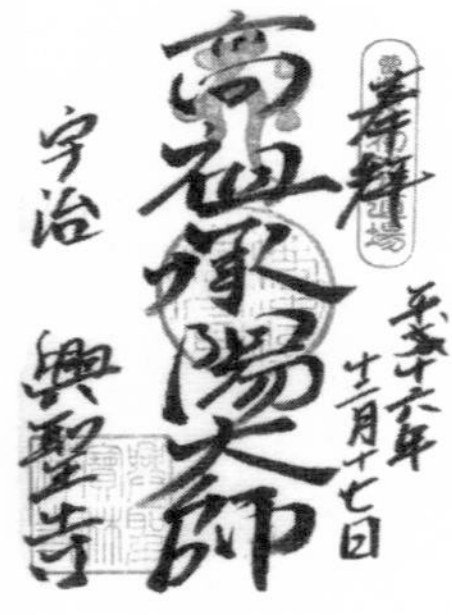

興聖寺の御朱印

興聖寺の本堂

曹洞宗　佛徳山✲興聖寺

〒611-0021　京都府宇治市宇治山田27-1　☎0774-21-2040

宇治川の清流にかかる日本三名橋の一つ宇治橋から川に沿って約八〇〇メートル、宇治川を背に総門を通り、春は新緑、夏は緑陰、秋は紅葉の琴坂（参道）二〇〇メートルを登れば中国風で竜宮造りの山門に至る。

寺は曹洞宗の創祖道元禅師（一二〇〇〜一二五三）開創になる初開の道場、佛徳山観音導利興聖宝林禅寺である。

道元禅師は内大臣久我通親公を父とし、太政大臣藤原基房公の娘を母として、正治二年（一二〇〇）一月誕生し、三歳で父を八歳で母を失い、一三歳のとき、母の遺言もあり、世の無常を感じたことから、木幡（宇治）の松殿屋敷を出て比叡山に登り、一四歳で横川解脱谷寂場房の天台座主公円僧正に就いて出家得度して勉学、次いで建保二年（一二一四）京都東山建仁寺開山栄西禅師の会下に投じて参禅、貞応二年（一二二三）二四歳の時、栄西禅師の高弟明全（みょうぜん）和尚とともに、求法のため中国（南宋）に渡航し、諸方の禅寺を歴訪して後、天童山景徳寺長翁如浄禅師に就いて、釈尊より五一代の正法を嗣ぎ、二八歳の安貞元年（一二二七）秋帰朝、三年を建仁寺で、次いで深草の安養院（現在の墨染欣浄寺）に閑居、弘誓院殿九条教家や正覚禅尼らの寄進により、極楽寺の子院観音導利院の旧跡に七堂伽藍を建立し、正法挙揚の道場として天福元年（一二三三）道元禅師三四歳の時、興聖宝林禅寺を開創したのが当寺である。在住一〇年余、正法の眼目である『普勧坐禅儀』をはじめ『正法眼蔵』九五巻の半数、および『学道用心集』や『典座教訓』など多数を撰述して正法挙揚に努めた。寛元元年（一二四三）夏、越前の領主波多野義重公の招請を受けて入越、翌年傘松峰大佛寺を開堂し、次いで寛元四年（一二四六）吉祥山永平寺と改めたのが福井の大本山永平寺である。

道元禅師入越後の興聖寺は数代の後、応仁の乱（一四六七～七七）の兵火に遭い、伽藍や記録などを焼失している。

寛永一〇年（一六三三）、永井信濃守尚政公（一五八七～一六六八）が下総の国古河より山城国淀城主として入国して、領内の霊跡を周覧した時、道元禅師開創になる興聖寺が廃絶していることを惜しんだ。両親菩提のため、慶安元年（一六四八）伏見城の遺構を用いて諸堂を建立整備し、万安英種禅師（一五九一～一六五四）を請じて再興、以来、三〇〇数十年、江戸時代には畿内五か国の僧録寺として、また曹洞宗の専門道場として幾多の俊秀を輩出し、今日に至っている。

本堂は、伏見桃山城の遺構を用いて建立され、慶長五年（一六〇〇）落城の時の血の手形足跡が残る縁板を前縁の天井にし、前縁は鶯張りの廊下である。本尊は道元禅師自作の釈迦牟尼仏を安置。天竺殿には、『源氏物語』「宇治十帖」にある手習いの聖観音を奉安している。開山道元禅師真像は、道元禅師の弟子詮慧和尚が、京都永興庵に奉安していた御真像で、体内に御霊骨が納められている。大書院は大正元年（一九一二）の建立になり、貞明皇后行啓時の書院で、次書院は英照皇太后、昭憲皇太后行啓時の書院である。当寺の境内は整然としており、簡素な美しさを感じさせる。周辺は風光明媚で、「春岸の山吹」と「興聖寺の晩鐘」は宇治十景に入っている。

興聖寺の中国風山門

三面大黒天

中国風の山門を入って、向かって左側に白い壁に長方形の穴を開けたところに、三面大黒天が安置されている。江戸時代に作られたもので、高さは八四・三センチ。きれいに彩色を施されており、中央の大黒天は茶色い顔、右側の毘沙門天は青色の顔、左側の弁才天の顔は白色に塗られている。塑像のように見えるが、木造である。

興聖寺の三面大黒天

萬福寺の御朱印

萬福寺の天王殿

黄檗宗　黄檗山✲萬福寺

〒611-0011　京都府宇治市五ケ庄三番割34　☎0774-32-3900

萬福寺は、一六五四年（江戸前期）中国福建省から渡来した隠元禅師（一五九二〜一六七三）が後水尾法皇や徳川四代将軍家綱公の尊崇を得て、一六六一年に開創した代表的禅宗伽藍の寺院である。日本三禅宗（臨済・曹洞・黄檗）の一つ、隠元禅師、木庵禅師、即非禅師など中国の名僧を原点とする黄檗宗の大本山で、中国福建省福州府福清県永福郷にある黄檗山萬福寺がその祖庭。中国のそれを古黄檗、日本のものを新黄檗といい区別されている。

隠元禅師は、日本からの度重なる招請に応じて、承応三年（一六五四）、六三歳の時に弟子二〇人他を伴って来朝。当初、長崎の興福寺・崇福寺に入るが、明暦元年（一六五五）、妙心寺派の摂津の普門寺に住持する。

隠元禅師は、来日後の三年間で帰国する、という中国黄檗山との約束を果たすべく、一時帰国も考えるが、明暦四年（一六五八）、妙心寺住持の龍渓宗潜禿翁妙周（りょうけいそうせんとくおうみょうしゅう）らの尽力により時の将軍家綱に謁見、万治三年（一六六〇）、幕府から後水尾天皇の生母、中和門院の宇治の別邸の地、約九万坪を与えられ、黄檗山開創となる。

萬福寺は中国の明朝様式を取り入れた伽藍配置で、山号寺号は、隠元禅師ゆかりの中国萬福寺にならって「黄檗山萬福寺」と名付けられた。諸堂宇造営は、寛文元年（一六六一）から本格的にはじめられ、幕府は作事奉行に青木甲斐守重兼、大工に秋篠家を充てて、さながら幕府の事業のひとつと言っていいほどの事業となった。その後、萬福寺は創建の援助をした大老酒井忠勝からの金千両など、多くの武士や商人から寄進を受け、また寺領四〇〇石が支給されるなど経済的にも安定期を迎える。寛文六年（一六六六）には将軍家綱が白金二万両と雲南木（チーク材）を寄進し、舎利殿など多くの伽藍が造営された。

隠元禅師が隠棲したあとも木庵禅師が住持となり、約一七年間の歳月をかけ、法堂など諸堂宇が立ち並ぶ大寺院が京都の宇治に誕生する。寛文九年（一六六九）木庵禅師の弟子、鉄眼道光（てつげんどうこう）によって、隠元禅師から貰い受けた万暦版大蔵経をもとに大蔵経が企画される。鉄眼道光は約一二年間、諸国を行脚して資金を集め、延宝六年（一六七八）に大蔵経が完成。

現在、萬福寺にはその版木が四万八二七五枚現存し、宝蔵院に納められている。また、下総（千葉県）椿海干拓事業や新田開拓を行った鉄牛や、日本最初の図書館事業をおこした了翁（りょうおう）、中国の工法で山口県岩国の錦帯橋架橋を指導した独立（どくりゅう）など、黄檗僧が日本文化に与えた影響には大きいものがあると言われている。

萬福寺の住持は、代々中国人僧侶で継承することが特色だったが、一四世に日本人僧侶の龍統元棟（りゅうとうげんとう）が初めて住持となり、ついで一六世、一七世、一九世は日本人僧、他は二一世まで中国僧が住持で歴代をつないできた。二二世以後は、日本人僧侶の住持で継席されていくこととなる。

江戸後期になると萬福寺の寺域は、約二一万坪に達するが、明治八年（一八七五）、その大半が陸軍省の用地として没収され、大幅に規模が縮小される。明治七年、曹洞宗と臨済宗が分離し、一旦、臨済宗に所属するが、明治九年、臨済宗から一宗として独立、「黄檗宗」を公称し、萬福寺はその本山となり現在に至っている。

昭和四五年（一九七〇）、諸堂の大修理がなされ、昭和四八年（一九七三）、文華殿が開館し多くの黄檗宗の資料が収蔵・展示されている。また、二三棟の建物や書画など多くが国の重要文化財に指定されている。日本でも例がない代表的な禅宗伽藍配置をもつ寺院として、創建当初そのままの姿を今日に伝えている。

萬福寺は、中国では臨済宗に含まれるが、日本の臨済宗と異なったため、独立して一派を成すに至った。臨済宗は禅宗五家のうちの一派で達磨大師から一一代目の臨済義玄（りんざいぎげん）禅師を宗祖と仰ぐ宗派で、中国で起こり発展し、日本に伝来してきたものである。

黄檗宗では、儀式作法は明代に制定された仏教儀礼で行われ、毎日誦（よ）まれるお経は黄檗唐音で発音し、中国明代そのままの方式の梵唄（ぼんばい）を継承している。

三面大黒天

高さ七四センチの塑像。塑像というのは、木で芯を作り、藁などを巻きつけ、これに土をつけて、像の形に仕上げるものである。奈良時代に盛行したが、江戸時代の作例は珍しい。右に毘沙門天、左に弁才天の顔を合わせ持つ三面六臂の像である。それぞれ特徴のある持物を手にしており、四角い俵を台座にしている。江戸時代に、恐らくは日本の工房で作られたものと思われる。

萬福寺の総門

萬福寺の三面大黒天

圓徳院の御朱印

圓徳院の大黒堂

臨済宗　東山✲圓徳院

〒605・0825　京都市東山区下河原通八坂鳥居前下ル河原町530　☎075・525・0101

豊臣秀吉の没後、その正妻北政所（きたのまんどころ）ねねは「高台院」の号を勅賜されたのを機縁に、高台寺建立を発願し、慶長一〇年（一六〇五）、秀吉との思い出の深い伏見城の化粧御殿とその前庭を山内に移築して移り住んだ。

その時以来、北政所を慕い大名、禅僧、茶人、歌人、画家、陶芸家ら多くの文化人が訪れたと伝えられている。

ねね、五十八歳のことである。これが今日の圓徳院の起こりであり、ねねは七十七歳で没するまでの十九年間、この地で余生を送り、この地は北政所の終焉の地となった。

そのねねを支えていたのが兄の木下家定とその次男・利房である。圓徳院は利房の労により高台寺の三江紹益和尚が開基。ねねの没後九年目にあたる寛永九年（一六三二）のことである。圓徳院は現在に至るまで高台寺の塔頭寺院になっている。

三面大黒天

福徳信仰の象徴として、豊臣秀吉が念持仏としたといわれる珍しい尊像である。いわば秀吉の出世守本尊である。御堂は京都御苑から移築したものである。三面二臂で右手に小槌を左手に袋の口を持っている。大黒天の顔の左側に毘沙門天が、右側に弁才天が配されている。高さは約二〇センチ。作りが精密で、傷が少ない。

圓徳院の三面大黒天

圓徳院のお札

観音寺の御朱印

真言宗　新那智山✲観音寺（今熊野観音寺）

〒605・0977　京都市東山区泉涌寺山内町32　☎075・561・5511

観音寺は平安前期の八二四年頃、嵯峨天皇の勅願により空海が開創した。御本尊は空海が熊野権現から授かった一寸八分の観音像を胎内仏として自ら彫刻した十一面観世音菩薩である。後白河上皇は、当山を深く信仰して新那智山と号し、今熊野観音寺（いまぐまのかんのんじ）と称された。

西国三十三カ所、第十五番霊場、厄除開運の寺として知られ、特に頭痛、病気封じ、知恵授かりなど霊験あらたかな本尊として、広く信仰され、全国から祈願の参拝者が絶えない。当山は開創以来およそ一二〇〇年近くの長きにわたり、数々の歴史を秘めて、新年厄除大祈願祭・京都七福神祭、四国霊場、お砂踏法要などの伝統行事でにぎわう。

三面大黒天

高さ約二〇センチ。彩色されており、二つの俵の上に立つ。中央の大黒天は厳しい表情をしており、ヒゲが生えている。三面六臂で、冠をかぶっているのが特徴である。

三寶寺の御朱印

三寶寺の境内

日蓮宗　金映山＊三寶寺

〒616・8256　京都市右京区鳴滝松本町32　☎075・462・6540

当山は寛永五年（一六二八）右大臣菊亭（今出川）経季卿と中納言今城（冷泉）為尚卿が後水尾天皇の御内旨により中正院日護上人を開山に迎え建立した中本山で、「金映山妙護国院三寶寺」の号は後水尾天皇より賜わったと伝えられている。

その時以来、大いに栄え塔頭寺院は十二ヶ院を数え、開山日護上人、二祖日英上人、三祖日逞上人等の学徳を慕って笈を負い来る者、また文人雅客の杖をひく者数多くあった。

特に茶道宗徧流の祖、山田宗徧は若年の時、ここ三寶寺内に茶室「四方庵」を構えて茶道に専念し遂にその奥義を究めた。後年彼は江戸に入り赤穂義士の大高源吾に吉良邸の茶会の日を教え討ち入りを助けた事で有名である。現在その「四方庵」旧跡に山田宗徧家元によって記念碑が建てられている。

しかし幕末維新の変動と堂上貴紳の東上等により次第に衰微し、一時荒廃をみたが昭和天皇の即位式の建物を下賜せられ本堂としてようやく復興の途につき現在に至っている。

本堂には釈迦如来像、千体釈迦仏堂には半丈六釈迦像が安置され、ともに日護上人の作と伝えられている。境内には、仁孝天皇皇子常寂光院の墓をはじめ、菊亭家、今城家及び豊臣秀頼、国松丸、淀君の供養塔等がある。

三寶寺の大黒堂

大黒堂の入口に尊天のシンボルである打ち出の小槌のマークが見られる

また、境内には、御苑内旧今出川邸より移植した「車返し（くるまがえ）の桜」があり、春には美しい花を咲かせる。

三面大黒天

「貧窮の衆生には福徳を授けん」と誓願された福徳の神、三面三宝（みたから）大黒福寿尊天を大黒堂に祀る。伝教大師御作にして日蓮大聖人比叡山御遊学の折、開眼入魂の三面六臂の秘仏で六〇年に一度甲子の年に御開帳される。御堂は平成七年再建。

行事としては、正月第三日曜日午後一時に大黒天初講会が、六〇日毎の甲子の日午後一時三〇分に大黒堂で甲子祭が行われる。当寺では、独特の祈祷を行う。甲子祭は遠近からの信者でにぎわう。

当寺の三面大黒天は、三面とも同じ顔をしているのが特徴である。この三面大黒天は、大きさこそ異なるが、姿かたちの同じものが当寺を含めて、六体見つかっている。

大黒天神授文
壽福増進安穏樂除病
延命息災我福我圓満
重果報衆人愛敬従恭
敬入来衆人得七寶
傳教大師御作
宗祖大士開眼

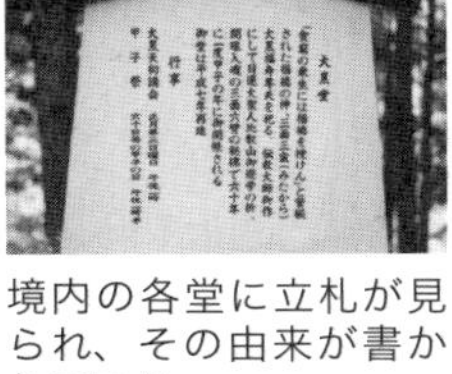

境内の各堂に立札が見られ、その由来が書かれている

四天王寺の大黒堂

四天王寺の御朱印

和宗　総本山＊四天王寺

〒543・0051　大阪市天王寺1丁目11・18　☎06・6771・0066

四天王寺は今から約一四〇〇年前、推古天皇元年（五九三）に聖徳太子が建立した日本仏法最初の大寺である。太子が当時、創建するに当たり敬田、悲田、施薬、療病の四箇院を構えた。鎮護国家の道場としてまた済世利民の実践所として物心両面の救済により平和国家の樹立と文化国家の荘厳をはたし、その意味で当寺が政治外交上の中枢となったのみならず美術、工芸、産業等あらゆる方面において日本文化の発生地となった。

それ以後、当寺は太子の偉業をついで教学、伝道等本来の使命達成はもとより社会教育、福祉事業、仏教の興隆等の充実につくして現在に至っている。

同寺の寺域は三万三〇〇〇坪（約一一万平方メートル）、堂塔伽藍は創建以後度重なる戦火天災に遭った。そのつど再建を重ねてきたが常に寺域と伽藍配置は飛鳥時代創建当初の姿を伝え、境内全域が史跡に指定されている。

昭和二〇年三月一四日の空襲によって七堂伽藍の大半は焼失したが、西門石鳥居、本坊通用門、六時堂、五智光院、元三大師堂、湯屋方丈などの元和年間（一六一五〜一六二四）再建の建築物は戦火をまぬがれ、昭和二九年九月一七日重要文化財に指定され、中心伽藍は、昭和三八年一〇月、飛鳥時代創建当初の様式、結構を再現復興したもので、いわゆる四天王寺式伽

四天王寺の三面大黒天のレプリカ

四天王寺の三面大黒天

藍配置の今に在る貴重な遺構として文化史的に優れた価値を有するものである。

三面大黒天

同寺の三面大黒天は、滋賀県にある蓮聖寺、京都市の常照寺や神戸市の大龍寺の三面大黒天と、よく似ている。おそらく、作者が同じかあるいは同じ工房で作られたものと思われる。三面の顔の作りはほぼ同じで、体の長さが短い。江戸時代初期の作という。像の高さは、二二センチ。

四天王寺の境内

三面大黒堂（全景）

甲子の日に参拝者に配られる黒豆の入った袋

大神神社の御朱印

大神神社の境内

大神（おおみわ）神社

〒633・8538　奈良県桜井市大字三輪1422　☎0744・42・6633
（三面大黒天を拝観できる日は、日曜、祝日、毎月1日）

当神社の神体三輪山に鎮座する御祭神大物主大神（おおものぬしのおおかみ）は、世に大国主神（おおくにぬしのかみ）（大国様（だいこくさま））の御名で広く知られている国土開拓の神様である。

『古事記』によれば、神代の昔、少彦名命（すくなひこなのみこと）と協力してこの国土を築き、農業、工業、商業などすべての産業開発、治病、まじない、造酒、製薬、交通、航海、縁結びなど世の中の幸福を増進することをはかられた人間生活全般の守護神である。

後にこの神様のおぼしめしにより、その御魂（みたま）（幸魂（さきみたま）、奇魂（くしみたま））を三輪山（三諸（みむろ）の神奈備（かんなび））に永く留め、それ以来、今日まで三輪山全体を神体山として奉斎してきた。それゆえに、本殿を持たない、上代の信仰の形をそのまま現在に至るまで伝えている我が国最古の神社である。

この三輪の地は古く大和の文化発祥の地で、政治経済、文化の中心地でもあった。三輪山麓を東西に流れる初瀬川の流域に、日本最古の市場である海拓榴市（つばいち）が八十（やそ）のちまたとして開け、また、南北に走る日本最古の産業道路である山の辺（やまのべ）の道とともに、この三輪の地は交通の要所となり大いに栄えた。

崇神天皇の時代には、朝廷の加護を受けるようになった。後に大和国の一の宮となり、官幣の名神大社二二一社の一つとして、朝野のあつい信仰を集めてきた。中世においては「三輪流神道」という特殊な宗教哲学が生まれ、上古以来の信仰に一つの組織と哲学とを添えることになった。

大神神社の宝物収蔵庫に安置されている三面大黒天

三面大黒天

高さ八〇センチ。『浄願寺諸道具田畑預ヶ帳』享保元年（一七一六）に「一、三面大黒天心玉代造立一躰」と記されている。当神社の神宮寺の一つ、浄願寺（現在、廃寺）の宝物として、伝えられている。

帯解寺の御朱印

帯解寺の門。このすぐ奥に本堂がある

華厳宗　子安山✲帯解寺

〒630・8444　奈良県奈良市今市町734　☎0742・61・3861
（寺宝展に三面大黒天が開帳される。月日は電話でご確認をしてください）

帯解寺（おびとけでら）の窓口で、取材の申し込みをしていたところ、老婦人が窓口担当者に次のように話していた。

「おかげさまで娘が無事、女の子を安産いたしました。それで、お礼参りに来たのです」

当寺は、子授け、安産に絶大な御利益があるということで広く知られている。取材当日も、本堂にはおおぜいの妊婦がおり、祈祷を受けていた。

当寺の本尊は、子安地蔵菩薩といい弘法大師の作とも伝えられている。像の高さは一八二・六センチ。木造の寄木造り、鎌倉時代に彫刻されたもので、国指定重要文化財になっている。腹巻きをしているような結びひもが表されていることから「腹帯地蔵」と言われており、子授け、安産祈願の仏様として広く信仰を集めているという。当寺のご住職は次のように自慢する。

「千年ぐらい前から、子宝に恵まれない皇后や皇族、あるいは江戸時代の将軍に子授けをするお地蔵様として信仰されていました。弘法大師が女性の幸福を祈念して、作ったという伝説があります」

帯解寺の本尊・地蔵菩薩

ご住職が自慢するだけあって、美術的に優れた地蔵菩薩である。まるで生きているかのような写実的表現で、今まさに動き出しそうな雰囲気をたたえており、表情は慈悲深い相である。当寺では、赤ちゃんの健やかな成長を願って「胎教コンサート」を催すこともあるという。

一〇〇〇年前から伝わる秘法の祈祷を修し、安産お守りを授与、また子宝のない人には、門外不出の秘伝文書により、貫主自らお守り、護符をしつらえ、一週間祈祷を修して授与しているという。

帯解寺の三面大黒天

三面大黒天

高さ三一・五センチ。威厳のある表情をしており、髪は菩薩ふうに結いあげて金色の冠をかぶっている。甲冑を着た姿で、衣服の裾の流れなどは写実的で精緻な作りである。室町時代の作であると伝えられている。いくつか持ち物が欠損しているだけで、保存状態は良好。

発音寺の御朱印

発音寺の本堂

浄土宗　飛鳥山＊発音寺（ほつおんじ）

〒664-0893　兵庫県伊丹市春日丘4-7　☎072-782-1930

開創当初は、発音庵と称していた。享保七年（一七二二）の記録によれば、古義真言宗に属し、二間四方の観音堂、一五坪の庫裏があったにすぎなかったという。元文元年（一七三六）一〇月一九日、南都の唐招提寺から御丈六尺八寸の十一面観音像の寄贈を受けて以来、本尊と改める。大坂奉行所の許しを得て、翌春若干の浄財を募り建物の改築を行う。

宝暦五年（一七五五）四月、本堂を増築し、薬医門を再建する。その後、約八〇年間、本寺が遠隔地にあった（山城国葛野（かどの）郡梅ヶ畑村の槇尾山西明寺（まきのおさんさいみょうじ））ので、しばしば無住のこともあり、名義上の本末関係だけで維持するのも困難であったらしく、ついに明治六年一月、廃寺となる。

明治一二年（一八七九）三月、元の住職芝田称円尼、村内有志、檀信徒らが尽力し、発音寺を再興。浄土宗鎮西派奈良興福院の末寺となり、称円尼は再興第一世の住職として迎えられた。

現在の本堂は大正三年、庫裏は同五年の改築で、住職三世称寿尼は私財二五〇〇円を寄進して、同八年二月遷化。法灯は四世清信尼を経て現在に及んでいる。明治以後住職は代々芝田姓を名乗り、檀信徒の協力を得て、寺門の経営、念仏の興隆に努めている。

三面大黒天

高さ一四八センチ。寄木造りで漆塗が施されている。表情、甲冑の細部などよくできており、当時の優れた仏師による造立が推定される。正面に歯を見せて笑う大黒天、向かって左に忿怒相の毘沙門天、向かって右側に弁才天を表す。三面六臂の三面大黒天である。江戸時代一八世紀前後に作られたものと思われる。

発音寺の三面大黒天

大龍寺の御朱印

大龍寺の仁王門

真言宗　再度山✲大龍寺

〒650・0005　兵庫県神戸市中央区再度山1・3　☎078・341・3482

神護景雲二年（七六八）、称徳天皇の勅命を受けた和気清麻呂公が、摂津の国に寺塔建立の霊地を求めて当地の山中まで来たときのことである。公を暗殺しようとしてつけねらっていた僧道鏡の刺客は、忽然と現れた大蛇に驚いて、一目散に逃げ去ってしまった。

危ないところを助けられた公が、辺りを見回してみると、大蛇が消えた跡に「聖如意輪観世音菩薩」が立っていた。霊験を感じた公は、早速この地に伽藍を建立、寺名を「大龍寺」と名付けた。

観世音が出現した場所は「蛇ヶ谷」と称し、龍ヶ滝とともに霊蹟として現存している。

また、延暦二三年（八〇四）、三〇歳の空海が入唐するとき、旅の諸願成就を本尊に祈願した。当時の航海技術では、日本から中国大陸へ渡るのは命がけの旅だった。空海が乗った船も合わせて四艘出港したが、大波のため二艘が沈没した。だが、空海が乗っていた船は無事だった。そして、唐の恵果（けいか）和尚から密教の大法を授けられ、大同元年（八〇六）に無事帰国した。帰朝報告奏上のため、上京の途中、再び当山に参籠、本尊に報恩謝徳のため、七日間秘法を勤修。

空海が再び登山したというので、「再度山（ふたたびさん）」と呼ばれるようになり、修法した場所を「修法ヶ原行場」と呼ぶようになった。したがって当山には、奇瑞霊験の伝説が多く、天授元年

（一三七五）、後円融上皇が中風にかかったとき、善妙上人が本尊に、七日間の祈願をすると、霊験がたちまち現れ、重い病も平癒したので、宝器を当寺に賜り深く帰依した。

このことが広く世間に伝わり、中風除け加持祈祷の寺として有名になり、その時以来、代々の住職がこの秘法を受け継いでいる。

鎌倉時代、度重なる戦火によって伽藍を失ったが、観応二年（一三五一）、摂津国司赤松円心は善妙上人を山主として中興し、旧観を取り戻した。だが、戦乱の世が続いたので、その後再び荒廃していたのを唐招提寺の実祐上人が、寛文年間（一六六一～一六七二）、尼崎城主光録居士の協力を受けて、「弘法大師八八カ所」の霊場を勧請するなど、再興に努力し、上人没後は資賢上人が遺志を継いで、現在の規模のものに復興した。

また、延宝七年（一六七九）、臨済宗の名僧高泉禅師が書いたと伝えられている「大龍寺の記」は寺宝として今も大切に保存されている。

明治時代になると、廃仏毀釈によって、廃寺となる運命にあった当寺を時の住職、井上徳順和尚が、地元の人々とともに、法灯維持のために尽くしたので、東寺真言宗所轄の寺院として今日まで存置されることになった。

三面大黒天

「大黒天はお金をざくざくくださいます。金持ちになると、強盗が家にやってきます。強盗がこないように守ってくださるのが、毘沙門天です。快い音楽を聴くことができ、美しい女性を

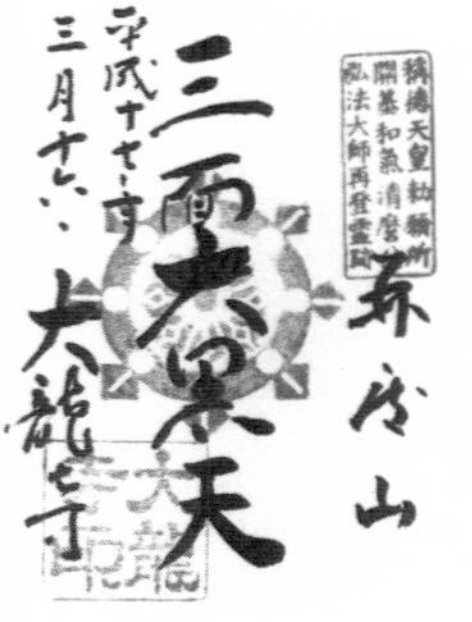

当寺では二種類の御朱印を書く

奥さんにして、人生を楽しく過ごせるようにしてくださるのが弁才天です」

こう語るのは、井上仁性住職である。

当寺の三面大黒天は、俵の上ではなく臼状の台座の上に立っている。三面六臂でどの手もそれぞれ道具をもっている。高さはおよそ三〇センチ。全身が真っ黒である。井上住職の説明では、この三面大黒天が発見された当初、観音菩薩像の下に転がっており、虫食いなどの破損が著しかったのを修理して、現在のような姿に整えたとのことである。

大龍寺の三面大黒天

最上稲荷の御朱印

最上稲荷の本殿

最上稲荷教　総本山✲妙教寺

〒701-1331　岡山県岡山市高松稲荷712　☎086-287-3700

最上稲荷の歴史は、天平勝宝四年（七五二）に報恩大師が八畳岩で本尊の最上位経王大菩薩を感得したことに始まる。その時以来、「龍王山神宮寺」として繁栄を極めたものの、戦国の戦乱時、羽柴秀吉（豊臣秀吉）の備中高松城水攻めの際、戦火によって堂宇焼失の憂き目に遭った。本尊の最上さまだけは、八畳岩の下の元宮と呼ばれる場所に安置され、難を逃れた。

新たに領主となった花房公が、関東から日円聖人を招き、最上さまの霊跡を復興されたのが慶長六年（一六〇一）のことである。寺名も「稲荷山妙教寺」と改めて、今日の興隆の基礎が築かれた。その時以来、「不思議な御利益をお授けくださる最上さま」として多くの人々の信仰を集めている。

伏見・豊川と並ぶ日本三大稲荷・最上稲荷は、一二〇〇年余の歴史を通じて、仏教の流れを汲んで発展を遂げてきた稲荷である。

三面大黒天

当寺に伝わる古い三面大黒天は、金庫のような頑丈な箱に入れられており、拝観することはできない。その代わり、拝観者の目の届く位置に新しい三面大黒天が安置されており、そのすぐ後ろに、古い三面大黒天が安置されているので、拝観者は間接的に古い三面大黒天に祈願す

最上稲荷の三面大黒天と八大龍王のイラスト

最上稲荷のインド風の仁王門

ることができる。

昭和五四年に造営された広大な床面積を誇る本殿の中央に、御本尊である最上さまが、その右側に三面大黒天、左側に八大龍王が祀られている。

総本山の三面大黒天は「奥秘三面大黒福聚尊天」という名前がつけられている。総本山の開山である報恩大師の弟子・延鎮（えんちん）聖人（京都・清水寺開山）が感得し、最上さまの影の守護神として祀られた。

三面大黒天のお姿は、次のようになっている。

1、お顔の向かって右側は、愛楽授福の相（弁才天の姿）
2、お顔の向かって左側は、悪魔を払う忿怒神の相（毘沙門天の姿）
3、中央のお顔は、福相円満な施福神の相（大黒天の姿）

このような姿には、理由がある。すべてのものが怠らずに信心をして、「和」の精神によって、調和・和合・合掌に基づいて生活をすれば、自然に福徳が訪れ、施福の雨に恵まれ、凶事から免れることを形でもって示した姿である。

総本山では、三面大黒天の祭りとして、毎年二月節分の日に節分豆まき式の行事を行う。開運厄除けの祈祷の後、豆まき式が行われる。毎年、タレントを招いて彩りを添えるほか、多数の豪華福品が用意され、参詣者に喜ばれている。長さ八五メートルの結界廊から、総勢七五〇人の年男が一〇万袋の福豆を投じるこの行事は、最上稲荷の三大祭典の一つである。当日は、広大な境内におおぜいの信徒がびっしり集まり盛況を極める。

最上稲荷の三面大黒天

三面大黒天のマーク「三」「天」を組み合わせた掛け物

弘憲寺の御朱印

弘憲寺の境内にある石造の五重塔

四国

真言宗　利剣山✲弘憲寺

〒760・0020　香川県高松市錦町2・4・29　☎087・821・3221

今から一三〇〇年前の天平時代、現在の香川県綾歌郡飯山町に法勲寺という寺があった。その後現在の高松に移された。法勲寺では、白鳳期から平安時代にかけての瓦が出土するとともに、『吾妻鏡』に見えることから鎌倉時代までは確実に存在していた。

その後、縁起によれば廃寺となり、本尊、霊宝を近くにある島田寺に移したという。天正一五年（一五八七）生駒親正が讃岐に国主として入ることにより、大きな転機を迎えた。

生駒親正は、讃岐が空海の誕生地であることから、密教に帰依するとともに、島田寺の良純を敬って、法勲寺を再建して良純上人に寺務を執らせた。

慶長八年（一六〇三）二月一三日に親正（諡号は弘憲）が没すると高松西浜（現在錦町）に葬られる。同年、親正公の息子一正により、法勲寺が親正公の塚上に移され、弘憲寺と称するとともに、良純を住職とした。

この時、島田寺領五〇石を弘憲寺に付すとともに、古画、名器を移し、島田寺を弘憲寺の末寺とした。この時より良純上人を初代住職として、弘憲寺が開山される。

良純上人没後、二代目の住職となったのが宥遍上人である。縁起によれば、大力の持ち主として知られ、高野山浄菩薩院の住職だった。嵯峨大覚寺法親王が高野山に遊学したとき宥遍上人を師と仰いだ。

これを縁として寛永一三年に上人の号を授かるとともに、法親王が後水尾天皇の皇子だったことから、宥遍上人は天皇から七条袈裟を賜っている。寛永一九年（一六四二）生駒家は出羽国（秋田県）矢島に国替えになり、新藩主として松平家が入封する。

この松平家から領内で弘憲寺のみに降雨の祈祷が命じられ、郡奉行や郷方役人が寺に詰めたと記されている。また、一郡一か寺のみ選ばれる五穀成就の祈祷も仰せつけられ、松平政権下においても、重要な役割を担っていた。現在の住職で一七代を数える。

高松城を築城し、城下町の開府に着手したのは、豊臣秀吉より讃岐国を与えられた生駒親正（一五二六～一六〇三）である。親正公は美濃国土田（岐阜県可児市土田）の出身、親正が記録上に土田甚助の名であらわれるのは斎藤道三の死後に起きた明智城の攻防戦である。その後に豊臣秀吉の配下の武将として活躍することになる。このころから縁ある関係によって生駒の姓を賜ったとされる。

その後、秀吉の臣として全国各地を転戦し、多くの戦陣にあって武功をたてた。その武功によって、大名としての道を歩む。天正六年には近江で二千石を与えられ、伊勢神戸で三万石、播磨赤穂で六万石と順調に加増し、秀吉軍の中堅武将としての地位を確立していった。

生駒親正が讃岐一七万三〇〇〇石を与えられたのは、天正一五年（一五七八）のことである。それまでの讃岐の領主であった仙石秀久、尾藤知宣などが、いずれも九州平定の際に軍事上の失策を咎められ、讃岐一国を除かれた後を受けて入府した。

天正一六年に高松城築城の普請が開始され、「野原」と称していた地名も「高松」になった。そして商人や町人が城下に集まり、町割りもなされて高松は繁栄の一途をたどり、生駒家は四代五四年間続き、四代目高俊のとき、生駒騒動が起こり、この騒動に対し幕府は裁決を下し、藩主の生駒高俊は讃岐一国を没収され、出羽国由利郡矢島一万石に転封された。

現在高松市と秋田県矢島町とは友好親善都市として相互に交流し、四〇〇年ぶりの友好を深めている。

当寺では、毎月二七日に不動明王護摩祈祷会、第一日曜日に座禅とお粥の会、第二土曜日に般若心経を写す会、随時、心の悩み相談（要予約）、また、寺子屋文化教室として、ヨーガ、手作りパン、フラワーアレンジメント教室を毎月数回ずつ開いている。その他にもお寺でコンサートを催す。ご住職の気さくで親切な人柄は、檀家・信徒から敬愛されており、県内や遠方から多くの相談者が訪れている。

三面大黒天

当寺のご住職が、先代の後を継いだ後、改めて境内を見て回ったところ、三面大黒天が入っている厨子が見つかった。厨子の扉を閉めて、翌日、三面大黒天を拝みに行くと、しっかり閉

弘憲寺謹製・三面大黒天のお札

めたはずの厨子の扉が開いている。再び扉を閉めて、次の日に行ったところ、また扉が開いている。ご住職は、三面大黒天は秘仏ではなく、人々の目に触れるのを望んでいると考え、厨子の扉を開けたままにして、いつでも参拝者が拝観できるようにした。

発見された当初の三面大黒天はかなり傷んでいたが、修理して汚れも落とした。境内に弁才天が祀られている社がある。そこに三面大黒天を安置して、まるでジャングルのように樹木がおい茂っていた社の外側と内側を掃除して、あちこち修理した。そうすると、不思議なことに、多くの人が参拝に訪れるようになったという。

三面大黒天は高さ約二〇センチ。俵の上ではなく、荷葉の上に乗っている。製作年代は不明だが、室町時代末ではないかと思われる。武士が、念持仏として祀っていたのかもしれない。

弘憲寺の三面大黒天

高越寺の御朱印

高越寺の外観

真言宗　高越山✲高越寺

〒779・3405　徳島県吉野川市山川町井上310　☎0883・42・2518

高越山（一一三三メートル）は「こうつさん」と呼んでも構わないが、地元の人たちは、「こおつざん」と呼ぶのが普通で、さらに親しみと畏敬の気持ちを込めて「おこおっつぁさん」と呼ばれることがある。

高越寺は、いつ、誰によって開基されたのかは不明である。ただ、古文書によれば「高越山寺」とあるので、創建当初の寺号は、「高越寺」に「山」が加えられていたという。『日本霊異記』によれば、当寺は少なくとも光仁天皇の在位時（七七〇～七八一）には存在していた。寺の創建は奈良時代の中期にまで、さかのぼることができるといわれる。

このころは、役行者に代表される山岳での修行を営んだ呪術者・私度僧（ひそかに得度した僧尼）などが、活躍した時代だった。当山にもこのような人々が入って激しい修行にあけくれた。彼らが営んだ小庵がしだいに寺院としての形を整えて、高越山寺になったのだろう。

現在、高越寺では、毎年八月一八日に十八山会が行われる。これは、役行者をまつる行事で、夜を徹して柴灯の護摩が焚かれる。この行事は平安時代から営まれてきた。

三面大黒天

高越山を自動車で上り、これ以上、車での通行ができない所に駐車場がある。車から降りて、

高越寺の心経塔

高越山から見える景色

「これより霊域」の結界門を過ぎると、三面大黒天堂と石に彫刻された高越大権現が見えてくる。
三面大黒天は、高さ約二〇センチ。木彫で彩色が施されている。制作年代は不明だが、おそらく江戸時代末期に、山岳修行者によって作られたのではないかと思われる。
三面大黒天が安置されている小さな堂から二〇分ほど歩くと高越寺が見えてくる。

高越寺の三面大黒天

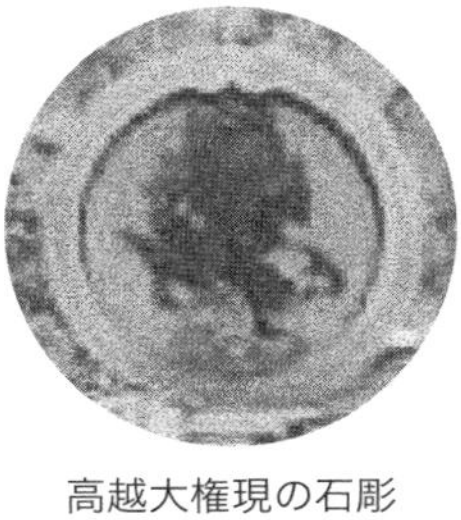
高越大権現の石彫

焼山寺の御朱印

焼山寺の大黒堂

真言宗　摩廬山✲焼山寺

〒771・3421　徳島県名西郡神山町下分　☎0885・77・0112

当寺は弘仁年間（八一〇～八二三）、空海が開いた寺で、摩廬山正寿院焼山寺という。その昔、この地に神通力を持った大蛇が棲み、天変地異の災いを起こしたり、大雨を降らせたり、大風を起こしたり、農作物を害したりして、人々に多大の被害を与えていた。

空海がこの地に修行に来た時、疲れから杉の根のところで眠っていたが、夢の中に阿弥陀如来が現れて、空海にその異変ぶりを告げた。空海が目を開くと、眼前の山が火に満ちていた。これはただの火ではないと感知し、身体を清めて印を結び真言を唱えながら一歩一歩と山を登ると、不思議にも火は順々に消えていった。

登ること九合目のところに、大きな岩窟があって、ついに一匹の大蛇が姿を現した。大蛇は空海がこの地で修行することを妨げようとして、空海のほうに向かってきた。その時、まぶしいばかりの光とともに、虚空蔵（こくぞう）菩薩が現れた。直ちに空海は、その大蛇を岩窟に封じ込めた。そして、空海は人々の招福除災を願って自ら三面大黒天を彫刻し、岩窟の上に安置して、護摩の秘法を厳修し、その妖気を退散させた。それ以来、天変地異がなくなり、人々は安楽に生活できたと伝えられている。

空海は本尊を虚空蔵菩薩として自ら刻んで安置した。また、火の山と化していたので、焼け

焼山寺の大黒堂内部

焼山寺の山門

山の寺と名付け、火の恐れがあるので、山号を摩廬山と称した。摩廬とは梵語で水輪の意味で、火を消す火伏せの山号と伝えている。昔から当寺の御利益を受けた人は、数知れないほどである。また、災難よけの福の神としても霊験あらたかである。

本尊の虚空蔵菩薩も昔から信者が多く、後醍醐天皇の信仰が篤かった。

三面大黒天

当寺の三面大黒天は三面六臂、すなわち大黒天、毘沙門天、弁才天の三神合体にして、右面に毘沙門天の像を、左面に弁才天を中面に大黒天の像を配している。降魔と施福の二徳がある。空海の作と伝えられている。この三面大黒天は日本三体の一つである。その一体は比叡山にあったが焼失、他の一体は松下加兵衛家に祀ってあったのを秀吉がこれを念持仏として信仰していたが、今や残っていない。ただ当寺にのみ残り、除災招福の神として、多くの信仰を得ている。

三面大黒天は甲子の日が祭日なので、この日に赤飯、御神酒を供えれば除災招福は間違いないとされている。

焼山寺謹製三面大黒天のお札

第二章

三面大黒天の調査で分かったこと

多くの様相に富む各地の三面大黒天

まず三面大黒天の数の多い地方について。これは、京都を中心に関西方面が圧倒的に多かった。三面大黒天の発祥の地が比叡山であることと関係があると思われる。ただ、この地域だけに集中して存在するのではなく、北海道から九州に至るまで沖縄県を除いた各地に分布している。今回調査したのは東北から四国までだが、将来的にはこれ以外の地域も調査したい。

一般の大黒天に多くの様式があるのと同様、三面大黒天にもさまざまなタイプがある。大黒天、毘沙門天、弁才天の合体神が最も多いが、それ以外の姿もある。三面とも同じ顔のものも、少なからず存在する。なかでも注目したいのは、日蓮宗の寺に多く見られるタイプで、中央の顔は髭をはやしており、左右の顔には髭がない。そのうえ、法華経と思われる経巻を持っているのが特徴である。

古書に、最澄が千人ではなく三千人を養いたいと大黒天に言ったところ、直ちに三面六臂の姿になった、とある。この古書に従ったものが、日蓮宗系の三面大黒天ではないだろうか。この日蓮宗系の三面大黒天は俵の上ではなく、臼の上に立った姿に表現されるものが多い。『南海寄帰内法伝』方式の大黒天も臼の上に座しているので、この方式の影響も、受けたのではないだろうか。ただ、このタイプの三面大黒天は、四天王寺や大龍寺など日蓮宗以外の寺でも見られるので、今後とも調査が必要と思われる。

また、四国の高越寺の三面大黒天も三面とも同じ顔をしている。平等寺と延命禅寺（掛け軸）の三面大黒天はヒンズー教の忿怒相マハーカーラの姿をしており、三面とも同じ顔をしている。平安時代初期には、忿怒相三面大黒天の彫像も作られたことが記されている文書がある。東京、板橋区にある安養院に三面六臂の忿怒相の大黒天が安置されている。また、パリのギメ博物館にも江戸末期の仏師、松本良山の銘があるものが展示されているという。

だまし絵の技法を使った三面大黒天

三面大黒天は三面六臂が多いが、なかには、三面二臂の姿をしているものもある。圓徳院、かさもりいなり法住院などがそれに該当する。

三面大黒天の表情で興味を引くものがあった。かさもりいなり法住院と最乗寺である。前者は大黒天の頭の側面に、忿怒相の顔を彫りこんである。右側の顔の両眼は閉じられており、左側の顔の両眼はカッと見開いている。作者はこの像を彫刻するにあたり、参拝者に何を伝えたかったのか思わず考えさせられる像である。

最乗寺は、だまし絵の技法を使っている。一つの大きな顔のなかに、左右を向いた横顔が二つ入っており、それで、三面となっている。合体神だが、大黒天のほか、土地の神が合体したということになっている。この像は、右手は一本で打ち出の小槌を、左手は二本でそれぞれ袋

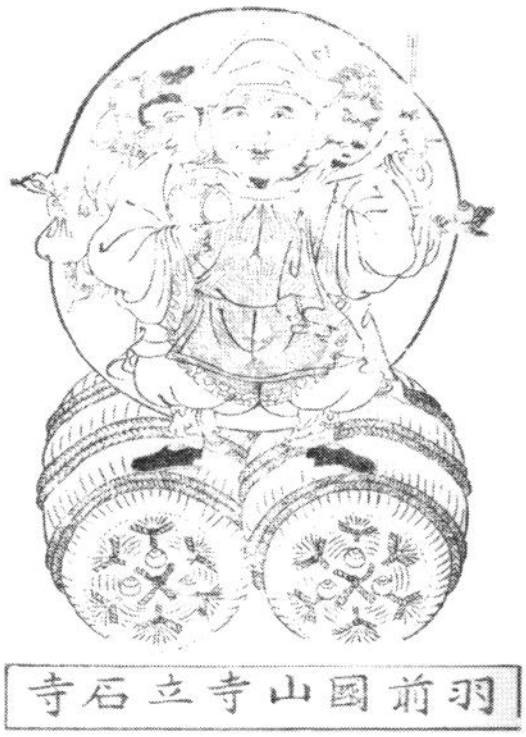

立石寺・三面大黒天のお札

の口と経巻を持っている。つまり、三臂である。

最乗寺とほとんど同じ作りの三面大黒天が、東京都中野区の曹洞宗の寺院に安置されているという。おそらく作者が同じか、あるいは同じ工房でつくられたのではないだろうか。

また、三面大黒天像が焼失して、三面大黒天のお札を摺る版木だけが残っている寺もある。山形県の宝珠山立石寺がその代表である。同寺は、貞観二年（八六〇）に慈覚大師によって開山された比叡山延暦寺の別院で、東北を代表する霊場として人々の信仰を集めてきた。

奇岩が折り重なるように続く山腹の杉木立を縫って千百余段の石段を上ると、静寂に満ちた世界に誘われる。石段の途中には岩塔婆や石仏が、また百丈岩の岩上には納経堂、開山堂があり、特に舞台造りの五大堂からの眺めは絶景である。

俳人松尾芭蕉も『奥の細道』の旅中、この山寺を訪れ、有名な「閑かさや岩にしみ入る蝉の声」の句を詠んでいる。三面大黒天の材質について。ほとんどが、木彫である。京都府宇治市の萬福寺は土でできた塑像。今回の調査では、直接足を運んだわけではないが、鹿児島県の野上神社に石彫の三面大黒天があるという。

なぜ大黒天は毘沙門天、弁才天と合体したか

比叡山の三面大黒天は大黒天、毘沙門天、弁才天の三福神が合体した像で、日本独自のものである。三神ともインド伝来で、日本の庶民信仰では福の神である。一神よりも三神のほうが

御利益も三倍に増幅されると考えられた。

比叡山の東には竹生島に弁才天が、西には鞍馬山に毘沙門天が祀られており、その関係で大黒天、毘沙門天、弁才天という三つの顔を持つに至ったのではないかと思われる。

日本式三面大黒天の場合、二男神と一女神を組み合わせている。「三面聖天」は、聖天、荼吉尼天、弁才天、つまり、一男神と二女神を組み合わせている。それから、合体神という形をとらないで、大黒天と毘沙門天と弁才天を並べて安置している寺院が何箇所かあった。このような一対二の形にすると、安定した強い力を持つ神になるという信仰がある。三面大黒天もこの信仰に基づいてつくられた可能性が強い。

では、日蓮宗の寺院によく見られる三面とも同じ顔の場合はどうなるのか。この像の中央にひげをはやした大黒天を配し、左右の大黒天はひげをはやしていない顔である。かさもりいなり法住院も同様で、中央の大黒天は笑った顔だが、左右の大黒天は忿怒相である。これらも一対二の形といえる。

現在は存在していないが、かつて近江坂本の大林寺には、高さ五寸の小さな三面大黒天があったという。荷葉の上に二個の俵を置いて、その上に立っているもので、正面の大黒天は右手で打ち出の小槌を左手で背負った袋の口を握っている。向かって右側は毘沙門天で鉾と鍵を持っており、左側には弁才天が宝棒と鍵を持っていたという。おそらく、この三面大黒天は、距離が近い比叡山延暦寺の影響を受けたのだろう。

『江戸名所図会』は東京小石川の伝通院の縁起について、次のように記している。

「当寺に安置されている大黒天は三国伝来の霊像で、大黒天、毘沙門天、弁才天の三神一体の尊影である。孝徳天皇の時、高麗国の大臣録来の土古という人が我が国に携えて来て、近江国蒲生郡にあったものを、明和年間豊誉霊応上人が感得してここに安置される。甲子の日、参詣者がおおぜい集まる」

孝徳天皇が在位していたのは六四五～六五四年で、大化の改新が行われた時代なので、最澄が活動していた時代よりもかなりさかのぼる。もし、この記事が正しければ、仏教興隆の詔が出された頃には既に日本型三面大黒天が存在していたことになる。だが、三天一体の三面大黒天が室町時代に案出されたことを考えると、『江戸名所図会』の記事は信憑性に欠ける。

毘沙門天とは何者か

毘沙門天は四天王のうちの一体で、別名、多聞天という。北方を護る神として信仰された。『金光明最勝王経』「四天王護国品」によれば、金光明経を読誦(とくしょう)する者、あるいはこれを聴聞(ちょうもん)する者には四天王がこの者を護り、天下は泰平、敵は退散、飢饉や疾病も皆取り除かれて、長寿を得られ、安楽を与えてくれるという。

毘沙門天は仏教の伝来とともに、早くも我が国に伝わった。聖徳太子は、物部守屋と戦争するとき、自ら四天王の像を刻みこんで、頭髪の中にこれを置き、「もしわたしに勝利を与えてくだされば、四天王のために寺塔を建てましょう」と誓った。戦争で勝った聖徳太子は四天王寺（大阪府）を建てた。

その後、四天王の信仰はますます盛んになり、大化の頃、仏師によって作られた四天王像は、今も法隆寺の金堂に安置されている。それと並行して、『金光明経』『仁王経』などの経文が盛んに転読された。

聖武天皇のときには、国ごとに、金光明四天王護国之寺を国分寺として建立するに至った。四天王の信仰は一般人にも普及したが、外敵に対して国家を防衛する城塞にいたっては、城内に四天王像を祀って敵の退散を祈願した。例えば、蝦夷からの襲撃を防ぐ目的で作られた秋田城にも四天王寺があったという。また、朝鮮半島の新羅が攻めてくるのを想定して、西国（山陰地方）では四天王像を祀った。

とりわけ毘沙門天は四天王の中でも最も強い神として特別の崇敬を得た。

京都の鞍馬寺は、毘沙門天を祀っている寺として有名だが、同寺は延暦一五年に皇城北方の鎮護として藤原伊勢人によって、創建されたと伝えられている。

『扶桑略記』に鞍馬寺の古い縁起が伝えられている。これによれば、修行僧が鞍馬山で鬼神に食われそうになった時、毘沙門天を念じたところ朽ちた樹木が倒れて、鬼神を打ち殺した。また、僧峰延が大蛇に呑まれそうになったとき、毘沙門天の真言を唱えると大蛇は死んでしまった。このような霊験話が数多く伝えられている。

毘沙門天の信仰は、平安時代から盛んだったが、已れを害する存在を退けたり、危険から身を守ってくれたりする信仰が主で、施福神として信仰されたわけではない。

坂上田村麿が蝦夷を平定する目的で、東北地方へ赴いた際、鞍馬の毘沙門天を念じて、大勝を得た。

鎌倉時代に書かれた『吾妻鏡』にも、鞍馬寺は都を護るための所であると記してある。

室町時代になって、ようやく福の神として信仰されるようになった。したがって、三面大黒天の一面に加わったのも、室町時代のことと思われる。

弁才天とは何者か

弁才天は上古にはあまりその名を知られていなかったが、平安時代中期以後、琵琶湖に浮かぶ竹生島の神としてだんだん世に現れ、ことに室町時代以降、上方（かみがた）で盛んにはやり出してから、その名が広く知られるようになった。

江戸時代には、稲荷の小祠が多かったが、上方では弁才天の祠の数が多かった。弁才天社の祭神の多くは、宇賀神（うかのかみ）あるいは市杵島姫命（いちきしまひめのみこと）である。

こうして後世には信仰が広がり、七福神の一神として数えられるようになった。我が国の弁才天の多くは神社で祀られているが、本来の弁才天は仏教の「天部」でなければならない。もともとヒンズー教で信仰されていた女神だからである。弁才天、大弁才天女、妙音天、美音天などと呼ばれ、略して弁天という。

音楽の神で、弁舌才智を与える神としてこれらの名があるが、のちには福神として財宝を与える神になり、それで「弁財天」と書かれることもある。

インドでは、サラスヴァティーと呼ばれ、川を神格化したといわれている。「サラス」は池あるいは河川、「ヴァティー」は持つ、留めるなどの意で、水の女神である。水が流れるせせらぎの音から、音楽の神となり、それから転じて、弁舌を護る神ともなった。さらには、才智の神へと発展する。

弁才天の姿は、容貌端麗な天女で、一面二臂あるいは一面八臂に描かれたり彫刻されたりしている。八臂の場合、それぞれの手に武器や宝珠などを持っている。鎌倉時代に武運をもたらす神として、武士の信仰を集めたのはこのためである。二臂の場合には、琵琶を持って奏でている姿に表現されている。

弁才天と性格がよく似ている吉祥天女は、古くから我が国に伝わっており、鎌倉時代以前から盛んに崇敬されていたが、弁才天は平安時代以前の古文書にはほとんど見られない。『和漢三才図会』に日本五弁天として数えられた竹生島、江の島、厳島、金華山、富士山、あるいは、三弁天として、竹生島、江の島、厳島も弁才天としては古代に少しも現れていない。

江の島の場合、鎌倉時代になって初めて文覚上人が勧請したものである。金華山、富士山の起源は分からないし、厳島も新しい。以上のなかで最も古いのは竹生島で、平安時代から知られており、信仰も盛んだった。おそらく竹生島が我が国最古の弁才天と思われる。他の多くの弁才天社のほとんどは、竹生島から分祀あるいはこれにならって勧請され、もしくは古い神社が弁才天社化されたものだろう。弁才天が、弁財天とも表現されるようになったのは、室町時代からだといわれる。

三天の持ち物とその意味

比叡山延暦寺に祀られている三面大黒天は、日本の服装をしており、顔が三つで手が六本ある。三つの顔とは正面が大黒天、向かって右側が弁才天、左側が毘沙門天（多聞天）である。正面の大黒天は左手に宝珠（ほうじゅ）、右手に利剣（りけん）を持つ。宝珠は如意（にょい）の珠（たま）ともいい、人々の願いに応じて福を与える、あるいは願いをかなえる不思議な珠である。三面大黒天は福の神だが、誰にでも福を授けるわけではない。悪い心を持っている者には、その性格を直してから福を授ける。利剣は美しい心の人間に育てるための道具である。

右側の弁才天は、右手に鍵、左手に鎌を持っている。鎌は稲刈りの鎌である。鍵は財宝を納めている倉庫の錠を開けるためのものである。一般的な弁才天の場合、剣と宝珠を持っているが、三面大黒天では大黒天が剣と宝珠を持っている。

毘沙門天は、仏教を信じる人を守護する善神である。毘沙門天は一般に鉾（ほこ）と宝塔を手にしているが、三面大黒天における毘沙門天は、右手に槍（やり）、左手に宝棒を持っている。衆生を守護することを第一の働きとしているので、武器を持っているという。

時代が下がると、大黒天は右手に打ち出の小槌、左手に宝を入れた袋を持つようになる。毘沙門天が鉾と宝棒を、弁才天が宝珠と鍵を持つ三面大黒天など、持ち物も延暦寺と異なる像も現れるようになってきた。延暦寺の三面大黒天は立像だが、座像も作られるようになった。また、経巻を持っている例も見られる。

神仏分離令の影響を受けた三面大黒天

明治以前の日本では、神仏習合の習慣があった。これは、日本固有の神の信仰と仏教信仰と折衷して融合調和することで、奈良時代頃から始まったといわれている。

今回、調査して不思議に思ったのは、神社に三面大黒天が安置されていることだった。大神(おおみわ)神社と出羽三山神社には江戸時代につくられた三面大黒天が安置されていた。出羽三山神社は神仏習合のなごりが色濃く残っており、境内に立派な五重塔や物故者の石塔が無数に並んでいて、青森県の恐山をほうふつさせる場所があった。また、最上稲荷は寺院だが入り口に大きな鳥居が建っている。

これらはいずれも神仏習合によるものである。王政復古の大号令の直後、維新政府は宗教政策の一つとして、慶応四年（一八六八）三月、神仏分離令を発布した。神道国教化を目指して神仏習合を否定し、神道を仏教から独立させた。

それまでは神社のなかに社僧がいたり、神宮寺が存在していたりするのはあたり前のことだった。ところが、維新政府は強引に神道と仏教を分けるように指示した。そのため、神社や寺院関係者はかなり困惑したという。この政策に従って、廃仏毀釈運動が盛んになり、仏像が破壊されたり、海外に流出したりした。

三面大黒天も例外ではない。各寺院のご住職の話では、三面大黒天はかなり傷んでいたので、修理を施したそうだ。

今回の調査では、三面大黒天を祀っている寺社をインターネットのホームページや書物で知った。これでかなりの数の三面大黒天を探すことができた。文化庁及び全国都道府県の教育委員会に満遍なく三面大黒天の所在を尋ねたところ、「ありません」という返事が戻ってきた。三面大黒天の場合、国もしくは県の文化財に指定されているものがなく、かなりの秀作でも市町村レベルの文化財にとどまっている。これが、三面大黒天の調査を困難にしている。

ただ、情報化時代を反映してか、寺社がホームページを出すところが多くなってきており、今回の調査では情報収集にかなり役立った。寺務所や社務所の僧侶や神官がパソコンに向かってキーボードを打っているのは、アンバランスな印象に映ったが、これがIT時代の寺院や神社のあり方で、小田原七福神の蓮船寺のご住職のように「電脳説法」をしておられるお寺も少なくない。

大正時代に書かれた文献に三面大黒天を祀っている寺院の記事があったので、それらの寺院にも片っ端から電話で確認したところ、多くから「ありません」という返事が戻ってきた。

これにはいくつかの理由が考えられるが、あるご住職から次のような話を聞いた。何らかの理由で住職が寺を離れる際、仏像をオークションなどで売るケースが少なくないという。

オークションで仏像を購入するのは、寺院関係者もしくは仏像の好きな一般人である。このような事情で、三面大黒天も売買の対象になって、別の寺院に移動したり、一般のコレクターの手に渡ったりするケースがあるという。

三面大黒天と「枡（ます）」の関係

四天王寺の大黒堂では一合升に入ったレプリカを頒布している。これらを大黒堂の左側に設けてある千体仏として安置して祀る。枡に入っているのは「ますます繁盛する」「ますます願い事がかなう」という意味があるからである。

また、岡山の最上稲荷では、三面大黒天の祭事として毎年節分の日に豆まきを行う。このときに独特の枡を使う。

「枡」には「増す」という義があり、合を積んで升を積み、数量を相増すという義があるという。この枡に福豆を入れるので、これ以上、縁起の良いことはない。これほど「招福」の行事にふさわしい「入れ物」はない。

豆まきが終われば、それぞれに記念品として参拝者に渡す。それぞれの家庭において、豆ま

最上稲荷で豆まき式に用いる「枡」の文字のいろいろ

➡修法九字でしあわせを願う意

➡大黒天正面の相を福と表現す

➡大黒天左側の相を寿と表現す

➡篤信の奉仕者に与うる花押

➡大黒天右側の相を禄と表現す

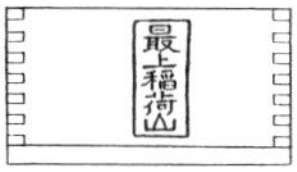

➡最上稲荷山の印を押す

きをしてもらうように配る。豆まきが終わると、福枡として最上さまの御宝前に福が来るようにお供えしてもらうか、あるいは、金庫、書庫の中に入れてもらい、大切な印鑑などを保管するのも、信仰を通して繁栄を願う一つの方法である。

枡に浄書してある文字にも意味がある。枡の中の中央「魗」の文字は、古くから最上稲荷に伝えられた「修法上の古字」をそのまま浄書したものである。「魗」字は、祈祷修法の上で九字の意味を持ち、九字を切って魔障を払うことである。

枡の中を九字で払い清め、幸せを招来させるために「寿」の字を大書してある。寿には「命が長い」「生命・天年」「杯を尊者に勧めて命長かれと祝福する」「二十八宿のうち角と亢」などの意味がある。

次に「福・禄・寿」と三方に記されているが、年越しの追儺で、立春にはおめでたく、改まって来る年も頑張ろうという心構えを示したものである。

裏面の文字は、総本山貫主の院号法名を記した花押が書かれている。これは、篤信の人に与えるという古記にのっとったものである。追儺に用いる枡についても、教えの心が記されている。

日蓮宗の守護符にもさまざまな兕字が用いられているが、字の書き順が重要視されている。

第三部

三面大黒天による招福法

第一章

寺院で行われている修法

甲子会

六〇日に一度の甲子の日に比叡山延暦寺大黒堂を訪れると、「大般若転読大黒天秘密供法要奉修」を見ることができる。これは「大般若会」によく似ているが、延暦寺の説明では大般若会と甲子会の修法とは全く別物という。行っている内容を見る限り大般若会なので、おそらく企業秘密的な特別の方法を加えているものと思われる。ここでは、大般若会のことを説明することにより、甲子会のイメージをつかんでいただければと思う。

大般若会は大勢の僧侶が集まり、経本をパラパラとめくってその起こす風によって清めていただくもので、国土安穏、除災招福のため大般若経六〇〇巻を講讃もしくは転読する法会である。大般若経一部六〇〇巻は、唐・高宗の顕慶五年（六六〇）正月から龍朔三年（六六三）一〇月に至る四年近くにわたり、玄奘三蔵が大慈恩寺において訳出した経典で、翻訳が終わると、高宗皇帝は大喜びして、斎会を設けてこの経典を講讃した。これが、大般若会の始まりである。

我が国においても、古来、この経典の書写印行が盛んで、文武天皇の大宝三年（七〇三）、初めてこれを講讃し、元明天皇和銅元年（七〇八）一〇月、勅して年別一度大般若経を転読し、やがて恒例となった。

聖武天皇天平七年（七三五）五月、宮中および、大安寺、薬師寺、元興寺、興福寺の四大利において盛んにこの会を修し、国家安寧、除災招福の祈願とした。その時以来、恒例の勅会として、畿内一五大寺などにおいて、盛んに営まれ、天皇は雅楽寮から人を遣わして、布施および供養料を寄せられた。

浴餅供（よくべいく）

三面大黒天を祀っている比叡山大黒堂では、毎日、炊きたての御飯を供えている。

さらに同大黒堂では一年に一度、「浴餅供（よくべいく）」が行われる。

通常、大黒天の三昧耶形（さまやぎょう）は槌か袋を用いるが、秘事としては如意宝珠（にょいほうじゅ）を用いる。宝珠は舎利（しゃり）であり、舎利は米で表現されるので、「浴餅供（よくべいく）」というおかゆをそそぐ秘法が伝えられている。この方法は歓喜天（かんぎてん）の浴油供（よくゆく）と同じで、おかゆを温めた多羅（たら）という鍋の中に金属製の大黒天像を入れて、おかゆをそそぎ、八日間で結願（けちがん）する。

この秘法が行われている最中、一般人も参加してもよいことになっているが、秘法を見られないように一般人と僧侶の間に幕を垂らす。

大黒天は米俵を踏み、大黒女は米俵を頭上に掲げている。このように大黒天と米は重要な関わりがあるが、これには訳がある。米は大地から生じる最高の宝であり、仏舎利（釈迦の骨）であり、日本人の主食として生命を維持させることのできるものである。そのうえ、大黒天は厨房神でもあるので、大黒天と米は縁が深いと思われる。

護摩

東京都目黒区にある天台宗松林山大圓寺では、年に六回ある甲子の日に護摩を焚く。一日、午前一〇時、午後一時、三時の三回にわたり行う。

集まった人々は、受付で名前と住所、願意を申込書に記す。一回につき、約五〇名が集まる。護摩を行う僧侶は、護摩壇に座り、修法を行っている最中、助手の僧侶二名が介助を、もう一人の僧侶は、人々が観音経、般若心経、大黒天の真言を唱えているとき、大太鼓を打ち鳴らす。一回につき、約一時間半要する。

密教の基本的修行に、「四度加行」がある。真言密教の最高の秘法を受ける儀式である伝法灌頂に入壇する前提として、一段と力を加えるための、十八道・金剛界・胎蔵界・護摩の四種の修法のことで、これは空海が師の恵果阿闍梨の教えに従って定めたものである。

護摩法はその一つである。護摩は、古代インドの言葉であるホーマを音訳して書き写した語である。もともとインドでは紀元前二〇〇〇年ごろにできたヴェーダ聖典に出ているバラモン教の儀礼で、紀元前五世紀ごろに仏教に取り入れられた。

護摩の炉に細く切った薪を入れて燃やし、炉中に種々の供物を投げ入れ、火の神に煙とともに供物を天上に運んでもらい、天の恩寵にあずかろうとする素朴な信仰から生まれたものである。火の中を清浄の場として仏を観想する。護摩壇に火を点じ、火中に供物を投じ、ついで護摩木を投じて祈願する外護摩と、自分自身を壇にみたて、仏の智慧の火で自分の心の中にある煩悩や業に火をつけ焼き払う内護摩がある。

護摩は、古代インドで始まり、チベット、中国を経てわが国に伝来した密教の一大秘法であり、昔から今日に至るまで広く行われている修法である。護摩は元来、インドのバラモン教の火天・アグニを本尊として行う「火の供犠」が仏教の密教に取り入れられたもので、供物を護摩壇上の炉の中に投じるとそれらが火焰となって天上に上り、天の諸神の御口に達し、諸神はそれに応えて人々の願望をかなえてくれるという信仰に基づいている。

密教においては、儀軌（儀式の執行規定）に則した護摩壇を設けて、本尊様（主に不動明王）を道場内に招き、乳木や積木と呼ばれる規定の護摩木を積んで燃やし、仏の知恵の火をもって、所願成就を祈願し、あわせて衆生の煩悩をも焼き尽くす。

仏の知恵の火で心の垢（不浄）を焼き清めることによって、すべての不幸や災難の原因を取り除くこと（攘災招福）はもちろん、その奥にある高い精神への解脱の成就（即身成仏）を得られるようにと考えられたものである。

千体供養会

比叡山延暦寺、四天王寺などの大黒堂の入口の左側に、小さい厨子に入った無数の三面大黒天がずらりと並んでいる。毎日、炊き立ての御飯が供えられ、僧侶が経を唱える。

一時千座法

大阪の四天王寺では、六〇日に一度、一時千座法を行う。午前一〇時三〇分、約六〇人の参拝者が集まっている大黒堂の中に、一〇人ぐらいの僧侶が入って来る。一〇〇〇粒の黒豆を加持して本尊に供える。拍子木のリズムに合わせて、僧侶と参拝者が般若心経などのお経を何べんも唱える。その間、僧侶が右側の容器に入っている黒豆を左側の容器に移し入れている。午前一〇時五〇分にこの行事が終わる。その時、黒豆七粒が入っている小さい袋が、参拝者に渡される。七粒というのには「七難即滅、七福即生」という意味がある。この豆を家に持ち帰り、ご飯を炊くときに入れると福を増すという。同時に御神酒(おみき)をいただいて焼香をし、参拝者たちは解散する。

甲子祭その他

京都の三寶寺では甲子の日に祈祷会を厳修。また、一月に大黒尊天初講会が催される。圓徳院では甲子の日、三面大黒天の「三」にちなみ、毎月三日に縁日を開く。延暦寺では甲子会のない月の第一日曜日に祈祷の法要が営まれる。四天王寺では甲子の日がない月の子(ね)の日に法要が営まれる。

第二章

一般人でも行える招福法

この章では、僧侶に頼らないで三面大黒天の御利益を願う方法を紹介する。簡単なものから難しいものまで福を招く方法があるが、とりあえず、ここでは三面大黒天の招福法を一通り示す。

最も簡単な招福法

開眼供養の済んでいる三面大黒天像を求めるか、市販の三面大黒天を購入して、僧侶に開眼供養をしてもらう。部屋の正常なところへ安置し、珍しい食べ物やおいしい酒を供える。天部の神は感情を持っており、人間に近い神なのでこれでじゅうぶん願意が伝わると言われている。

三面大黒天の勧請法

三面大黒天を信仰しようとするには、まず三面大黒天の神像を求めなくてはならない。既製品でもかまわないが、本来は自ら彫刻して作り上げる。

材料は基本的には木材を使う。伽羅木が最もよく、せんだん、けやき、つげ、ひのき、白檀などでもかまわない。画像や金属の鋳物などは二の次と考えたほうがよい。

日本においては宮城県にある金華山神社の社頭に安置されている大黒天像は鋳造であるが、ほとんどの寺社では木材を用いている。

祭壇は屋内の北にある部屋を選び、方角は東向きにする。子（ね）は北に位置し、甲（きのえ）は東なので、この向きにする。

内縛印

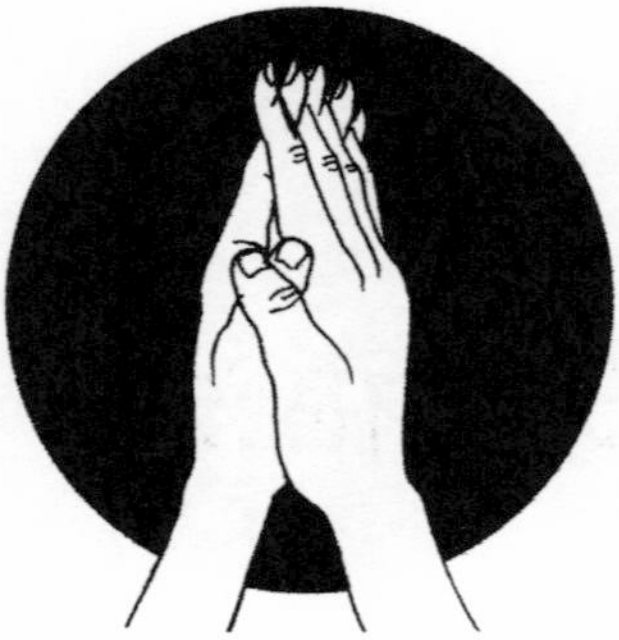
金剛合掌

次に土で大黒天を作るか、焼き物の大黒天を用意して、厨房の柱に棚を作ってその上に安置する。木像、土像の大黒天が出来たら、密教系の僧侶を招くか、像を密教系寺院に持参して開眼供養を依頼する。密教の素養がある人は、自分で行う方法を示すので参考にしてほしい。

儀式を行う人は、三日前から朝夕、行水し、当日は行水の後、新しい白い木綿の衣服を着る。

1. 尊像の下に五色の布、もしくは五色の紙を敷く。
2. 五色の紙をはさんだご幣を手にして尊像の前に立つ。
3. 二つの皿に一二本の灯心を入れて、一二本の灯明が光るようにする。
4. 供物は以下のものを準備する。くだもの、水、香、花、大豆飯、大豆の汁、大豆の煮物、大豆の酢あえ、煎り大豆、甘酒、よもぎの箸。
5. まず、尊像に礼拝する。
6. 大黒天の印である内縛印を結ぶ。あるいは金剛合掌でもかまわない。
7. 明呪を一〇八〇回、あるいは一万八〇〇〇回唱える。明呪は、次の通りである。
   南莫、三曼多、没駄南、唵、摩訶迦羅耶、娑婆訶
8. 次に勧請文を奉誦する。勧請文は左に記す。

大黒天降臨影向入霊表白

謹み敬いて申し奉る、今我れこの身の心中は、大黒天道場、如意宝珠の成辯なり、財宝福

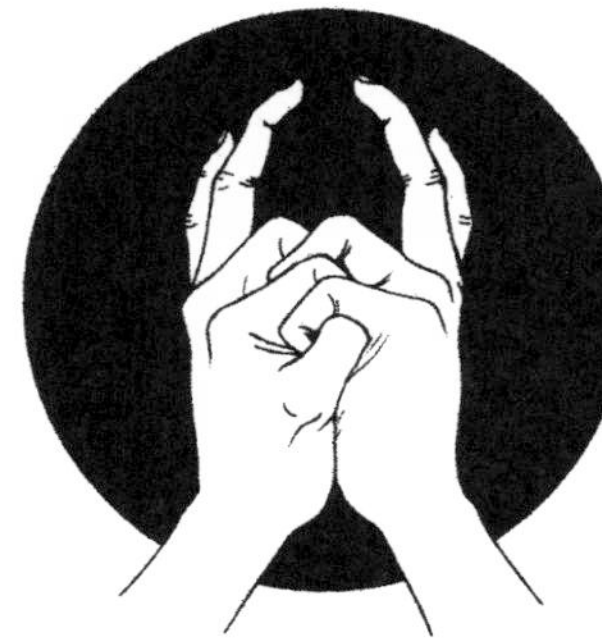

大黒天神印

徳十方に充ち満てり、我れ今、大黒天神に降臨影向を祈り奉る、この神王は天地未分の昔より陰陽の根元、如意宝珠なれば、十方冥衆の心身心中に影向ましまして、頭上に被ぎ捧げ給い、米俵を足に踏み給う、打ち出の小槌、七宝弁財は一実宝珠なり、三昧定袋万徳は、幾多眷属の随身、八万四千の煩悩を消滅し八万四千の宝蔵を開き、丹誠を哀愍ありて、現当二世の願望を成就し給えと、祈念礼拝し奉る。願くば神王永くこの像胎に鎮守ましまして此の家の生業を守り恵み給へと祈り白し、願ひ白す。

9. 次に左の呪偈を八回、あるいは二一回唱える。
七難即滅、七福即生、万姓安樂、帝王歓喜

10. 次に人差し指と中指をまっすぐに立てて、「エイ、オー」と気合いをかけて三度空を切る。

11. 次に大黒天神経（209ページ）を三度読誦する。

12. 土大黒天あるいは焼物大黒天の像も同じ開眼法を行う。

13. 木彫三面大黒天および「12.」の大黒天の像をそれぞれ屋内の北、厨房に奉安したら、毎日朝夕二回、水、灯明、香、御飯を供えて経文あるいは明呪を奉唱する。

三面大黒天の祈祷法

1. まず尊天を安置している部屋を掃除する。

2. 次に行水して清浄な衣服を身につける。

3. 部屋に入って、跪坐礼拝する。
4. 自分の身・口（言葉）・意（心）の三密（三業）は清浄であるとイメージする。
5. この部屋は、光明神聖で荘厳であるとイメージする。
6. 尊天を勧請して降臨させたまい、多くの眷属が周囲に存在しているとイメージする。
7. 水を供える。
8. 塗香を尊天に少し振りかけて、自分には額、胸、両肩、のど、両手、腹の八カ所に塗る。
9. 花を供える。
10. 香を焚く。
11. ご飯を供える。
12. 灯明二つを点火する。大儀のときは、一二灯明を点火する。
13. 酒または茶一杯、菓子一皿、果物一台、銀貨あるいはご幣を供える。
14. 内縛印を結んで、明呪を一八回または一〇八回、唱える。
15. 大黒天神経（209ページ）を三回読誦する。
16. 祈祷祭文（表白文）を奏上する。
17. 口頭で願い事を申し述べる。
18. 明呪を唱えながら気合をかけ、空を三回切る。
19. 尊天に向かって頂礼を三回行う。

20. 般若心経（218ページ）奉読を行って終了する。

※「三面大黒天の勧請法」「三面大黒天の祈祷法」は、相当密教に詳しい人以外はやらないほうがよい。口伝などによる秘密の修法がところどころにあるからである。三面大黒天の修法にはこのような方法もあるということを認識していただければ幸いである。

大黒天、毘沙門天、弁才天の真言を唱える

大黒天の真言

唵摩訶迦羅耶娑婆訶（おんまかきゃらやそわか）

毘沙門天の真言

唵吠尸羅摩拏耶娑婆訶（おんべいしらまなやそわか）

弁才天の真言

唵蘇羅薩縛帝曳娑婆訶（おんそらそばていいそわか）

以上、三天の真言を唱えた後、自分の名前と願い事を言う。

※この方法は、最も簡単で仕事の負担にならないので、いくつかの寺院で推奨されている。

大黒天の真言を唱えた後、般若心経の呪文を唱える

唵摩訶迦羅耶娑婆訶（おんまかきゃらやそわか）

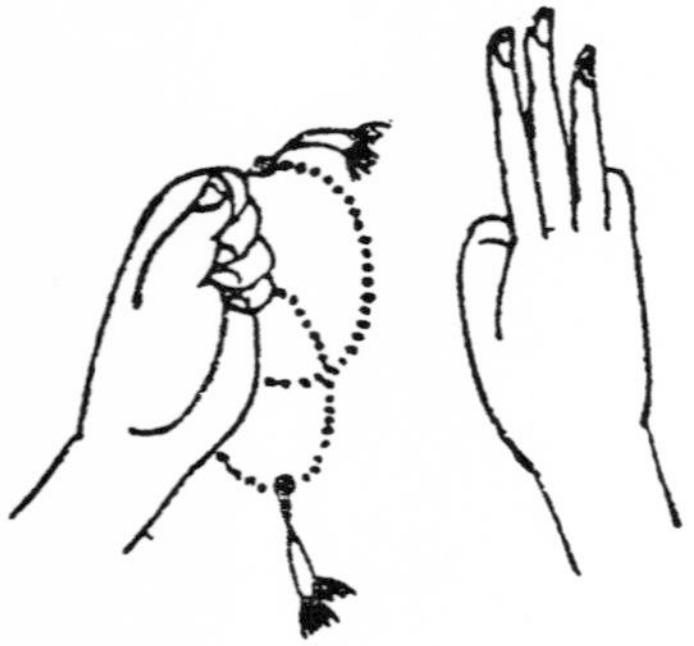
小三股印

智拳印

と唱えた後、般若心経の呪文「羯諦羯諦波羅羯諦波羅僧羯諦菩提薩婆訶(ぎゃーていぎゃーていはーらーぎゃーていはらそうぎゃーていぼーじーそわか)」の部分を唱える。

※般若心経は意味を持っているお経だが、最後の数行だけは、意味を持たない呪文である。大圓寺のご住職が教えてくださった簡単な修法である。

大黒天一日千座行

忿怒形の大黒天もしくは三面大黒天を本尊として財を招き福を呼ぶ修法。暦の「子の日、子の刻」に行い、内縛(ないばく)印を握って、真言「おん・まか・きゃらや・そわか」もしくは「おん・みし・みし・しゃばれい・たらがてい・そわか」を一〇〇〇回唱える。これを子の日だけ七日間行う。この修法を行った者は、他人に教えたがらないほど効果絶大な御利益を頂けるという。

大黒天一時千座法（1）

大黒天を大日如来の化身とイメージして修する法で、まず香花灯明などを準備して、大黒天法を行う。その後、次の作法を行う。傷のない白米一〇〇〇粒を取り、清浄な水でよく洗って乾燥させてから、清浄な白紙にこれを包んで、清浄な器に入れる。小三股印で二一遍加持し、次に両手で内縛印を握って左右の中指を立て、合わせる。その指で、米粒を挟んで、不動小呪を誦じながら一粒ずつ尊天に投げかける。子の日、子の刻に修法する。その時、願意を心に思う。

五大尊明王の中尊(ちゅうそん)である不動尊には、主だった真言が三つある。一般にそれらは、大呪(だいじゅ)・中呪・

外五鈷印

八葉印

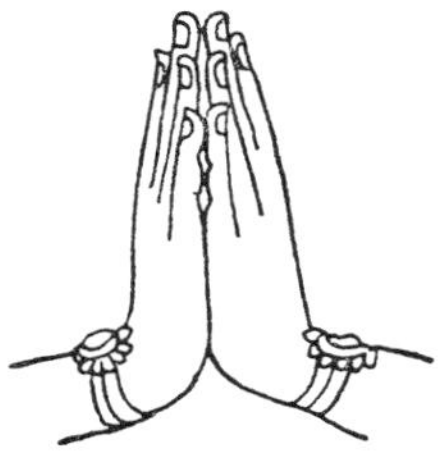
合掌印の一種

小呪と呼ばれている。

小呪は「ナウマク　サ（ン）マンダ　バザラダン　カン」と唱え、その意味は「あまねく金剛尊に帰命いたします。ハーン」である。

大黒天一時千座法（2）

黒豆一〇〇〇粒、洗米一〇〇〇粒を清浄にして三面大黒天に供える。護身法、外五鈷印を結び「七難即滅あびらうんけん」、智拳印を結び「七福即生ばざらどうばん」「無所不至おんまかきゃらやそわか」、八葉印を結び「普利衆生おんまかきゃらやそわか」「皆令離苦得安穏楽世間之楽及涅槃楽」、合掌印を結び「ばんらたらくきりあく」。このようにすれば、開運自在といわれる。

大黒天一時千座法（3）

子の日、子の刻（午後一一時から午前一時）に大黒天を大日如来であるとイメージする。傷のない白米一〇〇〇粒をとって、浄水で洗って乾かす。それを白紙に包んで、清浄な器に入れる。小三股印を結んで「おん・きりきり・ばぁじら・ふーん・ぱっと」という呪文で二一回加持して大黒天の根本印（大黒天神印）で不動小呪を唱えながら、一粒ずつ大黒天へ投げかけて供える。こうすることにより、願いがかなうとされている。

※同じ大黒天一時千座法でもさまざまな方法がある。宗派や流派が違えば、修法のやり方も異なってくる。

大黒天千座秘密法

密教においては三面六臂の大黒天像を用意して、清浄なところへ安置し、炊きたての御飯や供物、香などで供養して大黒天の真言「おん・まか・きゃらや・そわか」を静かに唱える。これを三年間ひたすら続ける。

また、大日如来をイメージして、大日如来が不動明王になり、不動明王が大黒天へと変化していく様を観想する「大黒天千座秘密法」は、想像を絶する御利益があるといわれている。

生活安定の祈祷

まず三面大黒天像を求める。三日間潔斎して、朝夕二回祈念する。内縛印か大黒天神印を結び、次の真言を唱える。

「おん・まかきゃらや・そわか」

真言は三日間に一万回唱える。尊天の前には、灯明、洗米、花、御飯、香、水などを供える。菓子その他珍しい果物などを供えるのもよい。三年間、これを続ければ、生涯衣食に不自由することがないと伝えられている。

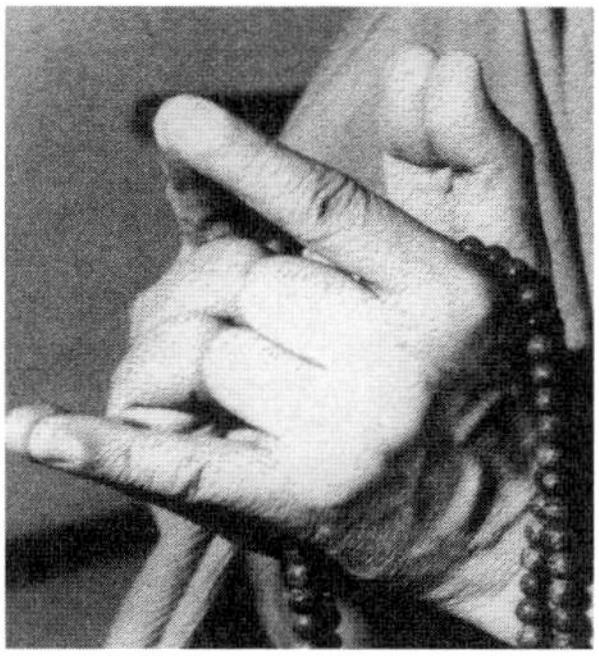

三面大黒天開運法

ものごとが絶えず起こり家が暗い、仕事や勉強がうまく進まない、何をしても失敗ばかりする、などの悩みを抱えている人は、三面大黒天に祈念することによって事態を好転させることができる。その手順を次に示す。

1、三面大黒天の印を結ぶ。
左右の中指、薬指を別々に内側へ折る。そのまま親指、人差し指、小指どうしをつけて、両手を合わせる。三面大黒天のパワーが、自分の内面に満ちるように、想いを強化する。

2、般若心経を読む。

3、大黒天の真言を唱える。
「おん・まかきゃらや・そわか」を二一回唱える。真言の前に、次の呪を唱えると御利益は増大する。

「寿福増進(じゅふくぞうしん)、安穏楽(あんのんらく)、除病延命(じょびょうえんめい)、息災我(そくさいが)、福我円満重果報(ふくがえんまんじゅうかほう)、衆人愛敬(しゅうじんあいきょう)、従恭敬(じゅうきょうけい)、入来衆人得七宝(にゅうらいしゅうじんとくしちほう)」

4、大悲円満無礙神呪(だいひえんまんむげじんじゅ)を唱える。
これは、観音菩薩が衆生救済を誓ったおり、千光王静住如来から授かったという呪文である。この呪文を唱えることにより、観音菩薩とあなたとの間に縁が結ばれる。「あらゆる機縁をとらえて、衆生を救う」という観音菩薩の誓いが実行に移される。この呪文は、限りなくヒンズー教的な呪文なので、ヒンズー教に由来する他の神仏に祈願する時も用いる。途中でつかえることなく、滑らかに唱えなければならない。

「大悲円満無礙神呪（だいひえんまんむげじんじゅ）

ナムカラタンノウ　トラヤーヤー　ナムオリヤー　ボリョキーチイシフラーヤー　フジサトボーヤー　モコサトボーヤー　モーコーキャールニキャーヤー　エン　サーハラハーエイシュウタンノウトンシャー　ナムシキリートイモー　オリヤー　ボリョキーチイシシフラー　リントウボー　ナームーノーラー　キンジーキーリー　モーコーホードーシャーミーサーボー　オートウジョーシューベン　オーシューイン　サーボーサートーノーモーボーギャー　モーハーテーチョー　トージートー　エン　オーボーリョーキールーギャーチイ　キャーラーチイ　イーキリモーコー　フジサートー　サーボーサーボー

モーラーモーラー　モーキーモーキー　リートーインクーリョークーリョー　ケーモートーリョートーリョー　ホージャーヤーチイ　モーコーホージャーヤーチイ　トーラートーラー　チリーニー　シフラーヤー　シャーローシャーロー　モーモーハーモーラーホーチイリー　イーキーイーキー　シーノーシーノー　オラサンフラシャーリー　ハーザーハーザン　フラシャーヤー　クーリョークーリョー　モーラークーリョークーリョーキーリーシャーローシャーロー　シーリーシーリー　スーリョースーリョー　フジヤー

フジヤー　フドヤーフドヤー　ミーチリヤー　ノラキンジー　チリシュニノー　ホヤモノ　ソモコー　シドヤー　ソモコー　モコシドヤー　ソモコー　シドユーキー　シフラヤー　ソモコー　ノラキンジー　ソモコー　モーラーノーラーソモコー　シラスーオモギャーヤー　ソモコー　ソバモコシドヤー　ソモコー　シャキラーオシドーヤー　ソモコー　ホドモギャシドヤー　ソモコー　ノラキンジーハーギャラーヤー　ソモコー　モーホリシンギャラヤーソモコー　ナムカラタンノウトラヤーヤー　ナムオリヤー　ボリョキーチイ　シフラヤー　ソモコー　シテドーモドラー　ホドヤー　ソーモーコー」

※右は「大悲心陀羅尼」とも「大悲咒」ともいう。禅宗で使われる陀羅尼である。

5、祈願文を読む。

「あおぎ願わくば、身体健全、○○を成就させ（具体的な願い事を言う）、開運満足、如意吉祥あらんことを伏して乞い願いたてまつります」

続けて、「一心頂礼十方法界常住三宝」と言って、三礼する。祈りは形に流れてはいけない。祈る神仏のイメージを最後まで保持するのがなによりも大切であるという。

三面大黒天の祀り方

三面大黒天は高い所に祀る。御利益が大変強い半面、いい加減な祀り方をすると尊天にいさめられるという形の霊障が起きる、という説がある。注意事項を次に示す。

1、一般の家庭では、五〇センチメートル以上の尊天を祀ってはいけないといわれている。祀りきれなくて霊障の原因になるという。

2、家の中で、最も清浄な場所に、高さは人が座った目の高さよりも上とし、南向き、または東向きに祀る。

3、供物は、線香、水（清酒）、灯明、洗米、塩、花を図のように供える。線香と灯明は、毎日欠かさずお供えする。ふだんは毎日、水を取り替え、甲子など特別な日には、清酒を供える。ほかに餅、果物、菓子などを供える。特に、ドーナツなどの油菓子がよいといわれている。

※印を結ぶにはまず塗香（ずこう）を用いて手を清浄にしなければならない。

天部の仏

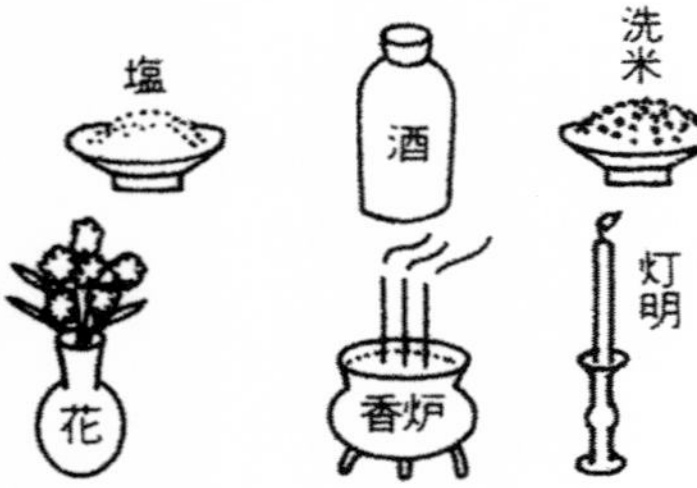

大黒天、毘沙門天、弁才天のお経を唱える

〈大黒天神経〉

仏説摩訶迦羅大黒天神大福徳自在円満菩薩陀羅尼経

爾時如来。告大衆言。今此大会中。有大菩薩。名曰。大福徳自在円満菩薩。此菩薩。往昔成等正覚。号大摩尼珠王如来。今以自在業力故。来娑婆世界。顕大黒天神。是大菩薩。大会中。即起坐合掌。白仏言。我於一切。貧窮無福。衆生為与大福徳。今現優婆塞形眷属七母女天。三界遊現。欲与一切衆生。福徳唯願。世尊為我説。大福徳円満陀羅尼。爾時世尊。開貌含咲。説咒曰

曩莫三曼多没駄喃。唵摩訶迦羅耶。娑婆訶

爾時世尊。告大衆言。此天神咒。過去無量。諸仏出世。不説

若未来悪世中。有諸貧窮人。聞此陀羅尼。名者当知是人。降大摩尼宝珠。湧出無量珍宝。爾時大黒天神白仏言。若有末法中衆生。持此呪者我体若五尺。若三尺。若五寸。刻其形像。安置伽藍。若崇敬家内。我遣七母女天眷属。八万四千人。福徳神遊行十方。毎日供養。一千人。若我所説。有虚妄者。永堕悪趣。不還本覚。若又以種々珍菓美酒等。供養者。将降甘露時。一切大衆。皆大歓喜。信受奉行。作礼而去

仏説摩訶迦羅大黒天神大福徳自在円満菩薩陀羅尼経

〈毘沙門天経〉

仏説毘沙門天王功徳経

如是我聞。一時仏。在王舎大城竹林精舎。与大比丘衆。千二百五十人倶。爾時阿難。一心合掌白仏言。以何因縁。此毘沙

門天王。身被金甲。左手捧宝塔。右手取如意宝珠捧。左右足下。趺羅刹毘闍舎鬼。仏告阿難。此毘沙門天王。七万八千億。諸仏護時。仏法之兵士也左手捧宝塔。名普集功徳微妙。宝塔之内具八万四千法蔵。十二部経文義。然見者。得無量智慧。右手取如意宝珠棒。名震多摩尼珠宝。湧出飲食衣服無量財宝。身被金甲。為除四魔之軍。両毘為降伏悪業煩悩所趺也又有二鬼。名曰藍婆毘藍婆。左脇有天女。号大吉祥天女。右脇有一童子。名禅尼子童子。若有人於毘沙門天王。見体聞名心念者。除八万億劫生死之微細罪。得百千億功徳。至於仏位。現在増長無量福人。仏告阿難有奉仕毘沙門天王者得。十種福。一得無尽福。二得衆人愛敬福。三得智慧福。四得長命福。五得眷属衆多福。六得勝軍福。七得田畠能成福。八得蚕養如意福。九得善識福。十得仏果大菩提福。若有人欲奉仕毘沙門者毎月元三日。清身箸新衣。向東北方。称念毘沙門名号者得大福徳。

決定無疑即説呪曰

おん　べいしらまんだや　そわか

仏説此呪已。大地震動。毘沙門天王出来。坐大蓮華王座上已告阿難。我従此北方。過七万八千里有表名曰普光有城。名曰吠室羅摩那郭大城。有八十億那由陀大福聚。我毎日三時焼此福若有人欲得我福。持五戒三帰。為無上菩提。願求決定施与得成就一切。於毘沙門福。所願可有五種。一為父母孝養。二為功徳善根。三為国土豊饒。四為一切衆生。五為無上菩提可願。若有人除此五種心。願不可得福。若有人雖受死苦。不可受貧苦。衆苦源不如於貧苦。欲得福得者。向丑寅称名号一百八遍。可得大福徳也。欲得知慧者。向東方称名号。一百八遍。可得大智慧。欲得官位者。向辰巳称名号。一百八遍可得官位。欲得能妻子。向南方称名号。一百八遍。可得能妻子。欲得長命者。向未申称名号。一百八遍。可得長命。欲得眷属衆多。

向西方称名号。一百八遍。可得眷属衆多。欲得愛敬向戌亥称名号。一百八遍。可得衆人愛敬。欲得悉地向北方称名号。一百八遍。皆悉成就。仏説此経已。千二百五十人倶。皆大歓喜。
信受奉行
仏説毘沙門天王功徳経

〈弁才天経1〉

仏説即身貧転福徳円満宇賀神将菩薩白蛇示現三日成就経

如是我聞。一時仏在沙羅林中須達宝倉光明宮。各与大菩薩倶。而為上首文殊師利菩薩摩訶薩。亦大阿羅漢倶。而阿難尊者上首。梵王帝釈天竜八部天地神祇集来。人天大会皆来集会矣。爾時阿難白仏言。須達優婆塞以何因縁成長者。世尊告阿難言。奉請仏修善根行檀波羅蜜之行無捨施大会。爾時仏放白毫光明令照十方国土。当知見。此大会人天我光明故離苦得楽。于時阿那婆達多心之竜王部類。宇賀神将菩薩白蛇形出現仏前。我過去成仏名号正法明如来。為仏法擁護為転貧。施与未来衆生福如是示現種々形相施種々術法。雨昼夜七宝利益衆生無有間断。聞我名号奉念奉供祭祠必居住家内戌亥角如涌出福徳輪王如意宝珠。今須達奉崇祭供吾宇賀白蛇形故感長者果報。我三世諸仏恒沙方徳持受。以宝蔵印鑰施妙弁才。見我色像現形者須臾之間成福人決定無疑。若致疑心者世々可成貧人為仏徳誹謗罪故。欲求福徳官位智慧弁才者以白月巳亥日調備愛物種々乳蘇酪味百種雑味奉供祭三日内必応円満福徳。若不満足行者所願者永於我不成正覚為阿鼻城家。種々説偈曰

以諸神変力　即身成福人　須臾転貧報
刹那得果報　如於須達福　一切所求願
刹那令円満　昼夜雨七宝　常恒無間断

衆人所愛敬　上下集来人　如於盛市人
五穀持来人　即時充満足　園内七宝蔵
並立七重閣　以諸福徳力　変現白蛇形
額上白角持　如形如意珠　勝於諸垂跡
馳走入貧家　戌亥角住処　昼夜来財宝
福報如檀毘　室内豊饒楽　無病安穏楽
名聞勝他人　上下諸従人　病患皆消除
行者心中願　皆令一切満　一誦神咒術
一時成福人　神咒一万遍　三日即貧転
信心念誦咒　定業転貧人　三日作福者
昼夜常誦咒　字々放光明　作示如意珠
随願満一切　不過三日内

爾時世尊。説定業貧転偈已即説貧転咒曰南無白蛇形。宇賀耶
惹耶蘗陛。施多摩尼。貧転吽娑婆訶

其印相者左五指申。其上右手拳大指開鉤小指甲置左掌上。如蛇翻以之即七度振動者貧所忽成福所。並立宝庫倉充満無量財福如大雨降七宝出生成大福長者。仏此法為尊者阿難説須達檀毘尼依此法現身成就福徳。以是因縁故十六大国奉崇福徳法人七万八千人。何況未来亜世衆生受持此法尊像者決定三日内現其霊験応成就福徳。爾時一切人天大会依此法得無生忍皆証神通智恵弁才。歓喜信受奉行

仏説即身貧転福徳円満宇賀神将菩薩白蛇示現三日成就経

〈弁才天経2〉

金光明最勝王経　大辯戈天女品偈

敬礼敬礼世間尊　於諸母中最為勝

三種世間咸供養　面貌容儀人楽観

種種妙徳以嚴身　目如脩廣青蓮葉
福智光明名称満　譬如無價末尼珠
我今讃歎最勝者　悉能成辯所求心
真實功徳妙吉祥　譬如蓮花極清浄
身色端嚴皆楽見　衆相希有不思議
能放無垢智光明　於諸念中爲最勝
猶如獅子獣中上　常以八臂自荘嚴
各持弓箭刀矟斧　長杵鉄輪併羂索
端正楽見如満月　言詞無滞出和音
若有衆生心願求　善事隨念令円満
帝釋諸天咸供養　皆共称讃可歸依
衆徳能生不思議　一切時中起恭敬
莎訶

ご真言

おん　そらそばていえいそわか。

大辯才天廻向文

願くは此の功徳を以って、普く一切に及し我等と衆生と皆共に、佛道を成ぜんことを。

〈般若心経〉

佛説摩訶般若波羅密多心経

観自在菩薩。行深般若波羅蜜多時。照見五蘊皆空。度一切苦厄。舎利子。色不異空。空不異色。色即是空。空即是色。受想行識。亦復如是。舎利子。是諸法空相。不生不滅。不垢不浄。不増不減。是故空中無色。無受想行識。無限耳鼻舌身意。無色聲香味觸法。無限界。乃至無意識界。無無明。亦無無明

盡。乃至無老死。亦無老死盡。無苦集滅道。無智亦無得。以
無所得故。菩提薩埵。依般若波羅蜜多故。心無罣礙。無罣礙
故。無有恐怖。遠離一切顛倒夢想。究竟涅槃。三世諸佛。依
般若波羅蜜多故。得阿耨多羅三藐三菩提。故知般若波羅蜜多。
是大神呪。是大明呪。是無上呪。是無等等呪。能除一切苦。
眞實不虛。故説般若波羅蜜多呪。即説呪曰。　羯諦羯諦
波羅羯諦　波羅僧羯諦　菩提薩婆訶

参考・引用文献

笠間良彦『大黒天信仰と俗信』雄山閣
大島建彦『大黒信仰』雄山閣
宮本袈裟雄『福神信仰』雄山閣
渡邉守順『伝教大師・最澄のこころと生涯』雄山閣
石田茂作『新版　仏教考古学講座　第四巻　仏像』雄山閣
田村晃祐『最澄』吉川弘文館
大久保良峻『山家の大師　最澄』吉川弘文館
高木訷元・岡本圭真編『密教の聖者　空海』吉川弘文館
大野達之助『日蓮』吉川弘文館
義浄撰、宮林昭彦・加藤栄司訳『南海寄帰内法伝』法藏館
『世界美術大全集　中央アジア』小学館
立川武蔵・頼富本宏編『中国密教』春秋社
立川武蔵・頼富本宏編『インド密教』春秋社
久野健『江戸仏像図典』東京堂出版
喜田貞吉『福神』宝文館出版

喜田貞吉『福神研究』日本学術普及会
鈴木正崇『神と仏の民俗』吉川弘文館
宮田登・坂本要『仏教民俗学大系8』名著出版
彌永信美『大黒天変相』法藏館
宮崎英修『日蓮宗の守護神』平楽寺書店
冨永公文『松下加兵衛と豊臣秀吉』東京図書出版会
津田三郎『太閤秀吉の秘仏伝説』洋泉社
『大黒天と弁才天』滋賀県立琵琶湖文化館
『天台密教の本』学研
『神佛霊験秘密福徳門』日本佛教新聞社
錦織亮介『天部の仏像事典』東京美術
佐和隆研『日本密教その展開と美術』NHKブックス
佐和隆研『密教美術を読む』法藏館
佐和隆研『日本の密教美術』法藏館
大法輪閣編集部編『真言・梵字の基礎知識』大法輪閣
『印と真言の本』学研
三浦俊良『東寺の謎』祥伝社

立川武蔵・石黒淳・菱田邦男・島 岩、共著『ヒンドゥーの神々』せりか書房
真鍋元之編『武将感状記』緑樹出版
佐和隆研『白描図像の研究』法蔵館
立川武蔵・正木晃『チベット密教の神秘』学研
佐藤和彦『インド神話の謎』学研
山内利男『インド家庭の神像と画像』論創社
斎藤昭俊『インドの神々』吉川弘文館
西上青曜『仏教を彩る女神図典』朱鷺書房
『日蓮の本』学研
宮坂宥勝・福田亮成『理趣経』大蔵出版
田中義恭・星山晋也『目でみる仏像』東京美術
国立民族学博物館編『マンダラ』
小峰彌彦『図解・曼荼羅の見方』大法輪閣
立川武蔵・頼富本宏編『チベット密教』春秋社
オドン・ヴァレ『古代インドの神』創元社
立川武蔵『シヴァと女神たち』山川出版社
立川武蔵『最澄と空海』講談社

立川武蔵『曼荼羅の神々』ありな書房

中村元『図説佛教語大辞典』東京書籍

『大正新修大蔵経』

『大黒天の信仰と招福法』日本佛教新聞社

柄澤照覚『神仏秘法大全』八幡書店

豊島泰国『日本呪術全書』原書房

久野健『仏像と仏師の話』学生社

佐藤昭夫『仏師の系譜』淡交社

大森義成『現世利益のお経　除災招福・家内安全』原書房

永田文昌堂の経本

大八木興文堂の経本

紅竜山布施弁天東海寺の経本

『太陽』１９９５年10月号

『北斎漫画』岩崎美術社

フリー百科事典『ウィキペディア』

『密教大辞典』

『歴史街道』２００３年12月号

■著者紹介

三浦 あかね（みうら・あかね）

静岡県生まれ。大阪大学大学院文学研究科で学んだ後、フリーランスの記者として活動する一方で、書籍の執筆も行う。活動範囲は経済、医療、人物史など幅広く、わかりやすい文章で読者の支持を得る。著書は『売上日本一・マツモトキヨシの秘密』『100円ショップの魔術商法』（ともにエール出版社）など多数。

平成18年2月10日　初版発行
平成28年3月10日　新装版発行
令和3年4月25日　新装二版発行　《検印省略》

三面大黒天信仰（さんめんだいこくてんしんこう） **新装二版**

著　者　三浦あかね
発行者　宮田哲男
発行所　株式会社　雄山閣
〒102-0071　東京都千代田区富士見2－6－9
TEL 03-3262-3231㈹　FAX 03-3262-6938
振替 00130-5-1685
http://www.yuzankaku.co.jp
組　版　石井ゆき子〈シャルード　http://sharrood.com〉
印刷・製本　株式会社 ティーケー出版印刷

ISBN978-4-639-02760-7　C1014
N.D.C.160　223p　21cm